공존지수
NQ

1% 미래의 리더를 만드는 차이

공존지수 NQ

Network Quotient

허은아 지음

21세기북스

함께 존재하는 사람들이 만드는 차이

중학생이 된 딸아이를 보며 저 아이가 사회생활을 할 때쯤 세상은 얼마나 달라져 있을까 하는 생각을 한다. 앞으로 5년만 지나면 통역이나 운전은 물론 수많은 일들을 로봇이 해주는 시대가 온다고 한다. 아이를 미래의 멋진 리더로 성장시키고 싶은 엄마의 마음은 '과연 로봇이 할 수 없는 중요한 일은 무엇일까' 하는 질문으로 귀결된다. 이것은 비단 아이들만의 문제가 아니다. 10년 후 나의 미래를 보더라도 한창 일해야 할 나이이며, 일을 하면서 여러 관계에서 지금보다 더 발전된 리더십을 발휘해야 한다.

지금까지 리더에게 가장 중요한 덕목은 무엇이었을까? 열정, 책임감, 인재를 알아보는 안목, 위기관리 능력, 비전을 설정하는 힘 등이 훌륭한 리더의 조건으로 꼽혀왔다. 그런데 빠른 속도로 변해가는 지금, 가장 필요한 리더의 덕목으로 사람들과의 관계를 만들고 운영해나가는 능력이 대두되고 있다. 환경이 아무리 급변하더라도 서로 만나고 함께 일해가는 인간 본연의 일들은 여전히 유효할 것이기 때문이다. 기계가 아닌 인간들만이 할 수 있는 일들이 미래에 더 각광받는 직업이 될 것이다. 기계를 다루고 사용하는 일들만으로 사회적 성과를 내는 것은 한계가 있으며 앞으로는 사람 사이의 수평적 관계 유지가 더욱더 중요해진다. 넓고 깊은 시야를 가진 리더가 되려면 서로 도우며 '공존할' 수 있도록 수평적 소통 능력을 키우는 것이 필수다. 우리는 이것을 '공존지수(NQ, Network Quotient)'라고 부른다. NQ란 '함께 살아가야 할 사람들과 관계를 얼마나 잘 운영할 수 있는가'를 측정하는 지수를 의미한다. NQ가 높은 사람은 양질의 인맥 네트워크를 영위하고 있다. 그러나 소위 '마당발'로 불리는 사람이라도 NQ가 낮다면 관계 관리를 현명하게 하고 있다고 보기 어렵다.

미래의 1% 리더를 만드는 차이는 '깊이 있는 네트워크'를 운용할 수 있는가, 그렇지 않은가에 달려 있다. 진정한 네트워크는 단순히 양적 규모만으로 결정되는 것이 아니다. 무분

별하게 확대된 네트워크는 인간관계 자체에 권태를 초래하기도 한다.

진정한 리더십은 NQ를 통해 양질의 인맥을 확장하는 데서 출발한다. 높은 수준의 NQ로 형성된 인맥은 자신의 일이 난관에 부딪혀 누군가의 지원이 절실히 필요할 때 나를 돕는 '지원부대'가 된다. 훌륭한 인맥이 있다면 관계의 질이 높아지고 삶이 다채로워진다. 그렇다면 NQ가 높은 사람, 네트워크 관리 능력이 뛰어난 사람은 어떤 사람일까. 휴대폰에 저장된 번호가 천 개를 넘어가며, 하루 몇십 건에서 몇백 건의 문자와 통화를 주고받는 사람일까? SNS에 등록된 친구가 수천 명에 이르는 사람이 흔히 말하는 인맥 관리에 성공했다고 볼 수 있을까?

최근의 신조어인 '혼밥(혼자 밥 먹기)', '혼술(혼자 술 마시기)' 문화는 오프라인과 온라인 양쪽으로 과도하게 넓어진 네트워크 속에서 염증을 느낀 사람들이 스스로를 보호하기 위해 만들어낸 방책이라 볼 수도 있다. 인간관계의 폭이 넓어지면 관계의 깊이는 그와 반비례해 얕아지기에, 넓고 얕은 관계에서 비롯된 피로감에서 도피하는 사람이 늘고 있는 것이다. 진정한 인맥은 이같이 불필요한 관계를 최소화하고, 반대로 내게 진짜 필요한 인맥을 늘려나갈 때 비로소 형성된다.

여기서 중요한 것이 '상호 커뮤니케이션'이다. 인맥은 '일방적인' 의사소통으로는 이루어질 수 없다. '사랑'이 완성되기 위해서는 사랑의 당사자인 남자와 여자가 모두 합의를 해야 하는 것과 마찬가지다. 내가 누군가와 일방적으로 인맥을 맺고 싶다고 해서 맺어지는 것도 아니며, 누군가가 나와 인맥을 맺고 싶다는 프러포즈를 해와도 나는 언제든 거절할 권리가 있다. 적절한 상호 커뮤니케이션을 통해 서로가 서로에게 매력을 느꼈을 때 비로소 진정한 인맥이 생겨나는 것이다. 커뮤니케이션 능력이 뛰어난 사람은 NQ 역시 높으며, 양질의 인간관계도 보유하고 있다.

지금까지 등장한 인맥에 대한 담론들은 상호 커뮤니케이션을 염두에 두지 않고 단순한 테크닉과 스킬을 전수하는 데만 집중하고 있었다. 상대의 관점과 욕구보다는 인맥을 맺고 싶어 하는 당사자의 입장만 고려하는 경우가 많았다. 그러나 이런 방식의 인맥 관리는 종종 치명적인 약점을 노출한다. 자신보다 어떤 면에서든지 더 나은 사람과 인맥을 맺으려 하다 보니 서로의 이익관계가 충돌하고 관계가 악화되는 문제가 발생하기 때문이다. 그간의 인맥 담론들은 상대의 욕구와는 상관없이 무조건 '~게 하라' 또는 '~하지 말라'는 몇 가지 조언으로 인맥을 무리하게 맺어가려는 시도를 부추기는 데 그쳤다.

이 책에서 나는 기존의 인맥 담론과 전혀 다른 방법론을 제시하고자 한다. 바로 공존지수 NQ를 바탕에 둔 '셀프 브랜딩(Self Branding)'과 '브리지 피플(Bridge People)'이라는 개념을 통한 '인맥 디자인'이다. 인맥 디자인은 두 가지 개념에 의해 궁극적으로 완성된다. '브리지 피플'은 기존에 우리가 알고 있던 '멘토'와 비슷한 듯 보이나, 실질적인 인간관계에서의 리더라는 점과 단순한 충고와 조언에 머물지 않는다는 점에서 멘토를 뛰어넘는 개념이다. 그들은 퀄리티 높은 인맥으로 다가가는 다리이자 대동맥이다. 우리는 이들 브리지 피플을 통해서 가장 효과적이고 빠르게 인맥을 맺어나가는 방법을 이 책에서 배울 것이다. 호랑이 등에 타면 호랑이처럼 빨리 달릴 수 있다는 말이 있다. 자신이 호랑이처럼 빠르지 못하다면 호랑이 등에 타는 지혜가 필요하다. 브리지 피플은 나를 태워줄 수 있는 호랑이에 비유할 수 있다. '셀프 브랜딩'은 기업들의 브랜딩 과정을 개인에게 적용해 가장 매력적인 자신의 모습을 찾을 수 있도록 돕는 기술이다. 무리한 방식의 인맥 맺기에서 벗어나 가장 매력적인 자신의 모습을 찾고, 인맥의 아우토반이라고 할 수 있는 브리지 피플의 도움을 얻는 것이 인맥 디자인 비법이다.

　이렇게 확장된 네트워크는 성공은 물론 삶 자체를 풍요롭게 만들어주는 든든한 배경이 될 것이다. 여기에 더해 인맥 확장의 장으로 각광받고 있는 SNS에서의 셀프 브랜딩 전략에 대해서도 살펴볼 것이다. 내로라하는 기업의 수장들이 어떻게 SNS를 통해 효과적인 셀프 브랜딩에 성공했는지, 다양한 사례를 통해 인맥 관리의 새로운 패러다임을 실감할 수 있을 것이다. 온라인에서든 오프라인에서든 인맥의 핵심은 바로 상호 커뮤니케이션을 기반으로 타인과 공존할 때의 시너지 효과에 있다는 것을 다시 한번 깨달을 수 있을 것이다.

　조직을 통솔하는 리더가 되기 위해서는 무엇보다 상호 커뮤니케이션에 역점을 두고 인맥을 관리할 필요가 있다. 공존의 마인드는 앞으로 더더욱 중요해질 것이다. 인맥의 수평적 관계에 대한 자신감은 공존의 능력에서 시작된다는 것을 알아야 한다. 오래도록 조직원과 공존해나갈 수 있는 관계지수가 높은 리더들에게는 자신감이 넘친다. 왜냐하면 그만큼 누구와도 공존할 만한 상대로서 준비가 되어 있기 때문이다.

　이 책을 통해 수평적 관계로 소통하기 위한 핵심 커뮤니케이션 전략과 공존지수를 높이기 위해 배워야 할 인맥 디자인,

그리고 공존에 성공한 사례들을 통해 새로운 유형의 관계를 맺어가기 위한 방법론을 배울 수 있을 것이다. 비즈니스, 직장생활, 친구 그리고 가족에게 나의 공존지수는 몇 점일까? 모쪼록 기계적인 소통이 아닌 양질의 관계 정립을 통해 서로 돕고 함께 살아가며 행복을 찾을 수 있기를 바란다.

요즘 딸아이에게 인사 잘하기, 웃으며 이야기하기, 경청하기 등 공존지수를 높이는 기본 과정을 가르쳐주고 있다. 그리고 많은 친구를 사귀기보다 친한 친구들과의 추억을 많이 쌓으라고 자주 이야기한다. 선생님들께는 예의바른 학생으로 기억에 남을 수 있기를, 친구들에게는 함께하고 싶은 짝꿍으로 남길 바라는 마음이다. 20여 년간 사회생활을 해온 경험과 딸의 미래를 그려보는 엄마의 고민이 분명 딸에게 이론적인 어떠한 공부보다도 큰 역할을 할 것이라고 믿는다.

마지막으로 나를 낳아주신 부모님과 며느리로 받아주신 부모님 그리고 남편과 딸에게 항상 내 편이 되어주어서 감사하다는 말을 전하고 싶다.

2016년 9월
여의도 연구소에서 허은아

목차

2/ 인맥 관리의 시작, 셀프 브랜딩

QnA 한국인들의 커뮤니케이션 고민

3/ 세계에서 제일 바쁜 사람들이 SNS를 한다

QnA 한국인들의 커뮤니케이션 고민

가족과 직장의 문제가 충돌했을 때 우선순위는?

4/ 브리지 피플, 당신을 도와줄 새로운 유형의 멘토

Tip 사소하지만 강력한 인맥의 기술

QnA 한국인들의 커뮤니케이션 고민

5/ 당신을 변화시킬 커뮤니케이션 기술

QnA 한국인들의 커뮤니케이션 고민

1

아는 사람의
아는 사람의
아는 사람의
힘

새로운 기회는 새로운 생각에서 시작된다. 낡은 사고로 똘똘 뭉친 사람에게 새로운 기회는 찾아오지 않는다. 당신이 '인맥'이라고 생각했던 사람들은 진정 당신의 인맥일까? 당신이 그들을 '인맥'이라고 생각하는 만큼, 그들도 당신을 '자신의 인맥'이라고 생각할까?

성공을 위한
핵심 역량
NQ

'인맥'을 대하는 한국인들의 태도는 꽤 이중적이다. 한편에서
는 '파벌'이나 '연줄' 등의 부정적인 이미지를 떠올리는 반면,
또 다른 한편에서는 성공을 위해 절대적으로 필요한 요소로
인식하고 있는 것이다.

한 구인구직업체에서 직장인 1,000명을 대상으로 설문조
사를 실시한 적이 있다. 응답자의 50퍼센트 이상이 인맥에 대
해서 부정적인 이미지를 연상했다. 하지만 전체의 96퍼센트
에 가까운 사람들이 '성공적인 직장생활을 위해 인맥은 반드
시 필요하다'고 응답했다. 이는 응답자의 절반이 '인맥'에 대

한 이중적인 태도를 가지고 있다는 이야기다. 머릿속 이미지는 부정적이지만 실제 생활에서는 반드시 필요하다는 태도는, 인맥이라는 것이 뭔가 공개적으로 말하기 껄끄러운 것이라는 생각을 떨칠 수 없게 한다.

그러나 다행인 것은 젊은 층으로 내려갈수록 인맥은 보다 긍정적인 이미지로 인식된다는 점이다. 또한 글로벌 비즈니스가 늘어나면서 이제 인맥은 중요한 비즈니스 스킬로 대두되고 있다.

최근 '인맥'은 NQ(Network Quotient·공존지수)라는 말로 발전되어 사용되기도 한다. NQ는 '함께 사는 사람들과의 관계를 얼마나 잘 운영할 수 있는가에 대한 능력'이다. NQ가 높을수록 타인과의 의사소통 능력이 높고, 이를 기반으로 성공에 한 발짝 더 다가설 수 있다고 한다. 이는 '끼리끼리', '패거리'의 개념보다는 '함께 잘사는' 의미가 더 강하다. 한 기관에서 대학생 432명을 설문조사한 바에 따르면, '성공을 위해 가장 중요한 지수가 무엇인가?'라는 질문에 전체 응답자의 42퍼센트가 NQ를 꼽은 바 있다. '인맥'의 중요성에 대한 질문에도 역시 '매우 중요하다'와 '중요한 편'이라고 응답한 대학생들이 전체의 96퍼센트를 차지했다.

사회생활을 하는 데 있어서 제일 중요한 것은 '능력'이라고 말하는 사람들조차 결코 인맥의 중요성을 가볍게 보지 않는다. 결국 자신이 아무리 뛰어난 능력을 가지고 있다 하더라도 그 능력을 더욱 빛나게 만들어주는 사람들이 바로 '인맥'임을 무시하지 못하는 것이다.

예를 들어 최근 몇 년 사이 눈부시게 변화하고 있는 기업들을 살펴보자. 연공서열이 파괴된 지금 승진을 위해서 가장 중요한 것은 본인의 능력이기도 하지만, 이른바 '다면 평가'로 불리는 동료 및 선후배들의 평가가 매우 중요해졌다. 인맥을 기초로 하는 다면평가를 무시한다면 그는 더 이상 승진을 하기 힘들 것이다. 이러한 변화의 바람은 사기업에서 더욱 강화되고 있으며 명령을 통해 움직이는 군대에서조차 예외는 아니다. 그들에게도 인맥관리는 자신의 삶을 발전시킬 수 있는 중요한 과정이 되고 있는 것이다.

따라서 우리는 인맥에 대한 부정적인 이미지를 바꿔야 한다. 이성적으로는 부정하면서도 심리적으로는 그것을 원하는 괴리된 상태가 아니라, 보다 면밀하고 합리적으로 인맥의 필요성을 따져볼 필요가 있는 것이다. 인맥을 부정적으로 생각하고 있으면서 그것을 추구한다는 것은 우스꽝스러울 수밖에 없다. 또한 인맥에 대해서 긍정적으로 생각하는 사람이라고 하더라도 한번 더 인맥의 본질적인 의미와 그 긍정성에 대해서 짚고 넘어갈 필요가 있다.

인맥은 그저 한두 가지의 '부탁'을 들어주는 관계로 정의 내릴 수는 없다. 인맥이 아니더라도 어느 정도 사회생활에 능숙한 사람이라면 그 정도의 부탁은 그리 어렵지 않게 들어줄 수 있다. 진정한 인맥은 당신이 어려움에 처했을 때, 어려움을 무릅쓰고 당신을 도와줄 수 있는 사람을 의미한다. 자신에게 그러한 사람이 있는가? 만약 그런 사람을 다섯 손가락에 꼽을 수 없다면, 그간 인맥에 대해 잘못 접근하고 행동했다고 해도 과언이 아니다.

서로 힘이 되는 건실한 인맥을 맺기 위해서는 기존의 인맥에 대한 편견을 버리고 새롭게 시작할 필요가 있다. 새롭게 사고할 때에만 새로운 기회가 다가온다.

인맥은 위기관리다

인생에서 가장 중요한 시기는 바로 위기가 닥쳤을 때다. 그 위기를 새로운 기회로 만들 것인가, 아니면 주어진 위기에서 탈출하지 못해 실패로 치달을 것인가 하는 것은 개인의 인생에 있어서 절체절명의 과제라 할 수 있다. 바로 이러한 위기의 순간에 자신을 위해 '생명의 동아줄'을 내려줄 수 있는 사람들이 바로 자신의 인맥이다.

한 대기업에서는 이른바 '지인 관리 프로그램'이라는 것을 운영하고 있다. 가족이나 친구, 선후배, 친인척 중 정·재계나 언론, 법조계에 근무하고 있는 사람들을 보고하고 관리하는 프로그램이다. 기업에 문제가 생겨 위기의 상태에 처했을 때 전 직원이 자신의 인맥, 지인을 동원해 그 위험이 새로운 기회가 될 수 있도록 나서게 하겠다는 의미다. 이러한 위기관리는 개인에게 있어서도 마찬가지다. 자신과 알고 있던 수많은 사람들이 자신의 위기에 대해 조언과 충고를 해주고 새로운 방법과 기회를 제시해줄 때 그는 보다 쉽고 빠르게 위기 상황에서 탈출할 수 있게 된다. 자신에게 위기가 닥쳤을 때 이를 이겨내고자 하는 것은 인간의 본능이고, 이를 위해 타인의 도움을 받는 것은 매우 자연스러운 일이다. '위기'라는 의미는 자신의 힘으로 이겨낼 수 없는 상황을 지칭하는 것이다. 타인의 도움 없이 견딜 수 있는 상황을 '위기'라고 하지 않는다. 결국 위기라는 것 자체가 이미 '타인의 도움'을 전제하고 있다고 할 수 있다. 누구에게나 위기가 찾아오며 위기에 빠진 사람은 인맥의 도움을 받는 것이 세상의 이치다.

중요한 정보는 사람에게서 나온다

현대 사회를 '지식정보화 사회'라고 부르는 이유는 그만큼 지식과 정보가 중요하기 때문일 것이다. 그런데 보다 중요한 사실은 과연 그러한 지식과 정보를 어디서 얻느냐 하는 점이다. 일반적으로는 책과 인터넷, 그리고 신문이나 잡지를 통해서 얻으면 되지 않겠냐고 말할 수 있다.

그러나 세상 사람 모두에게 공표된 지식과 정보는 큰 의미가 없다. '모두들 다 알고 있는 지식과 정보를 나도 알고 있다'는 것에는 그 어떤 특이성과 차별화도 존재하지 않기 때문이다. 결국 보석같이 빛나는 지식과 통찰은 사람에게서 찾을 수 있다. 또한 정말 중요한 정보는 신문과 책, 그리고 인터넷에 없다고 말하는 사람들도 있다. 한 대기업 홍보 담당자는 이렇게 이야기하고 있다.

"솔직히 언론매체에 나오는 내용들은 관련 업계에서는 이미 다 알고 난 뒤의 이야기인 경우가 많다. 진짜 업계를 좌지우지하는 중요한 정보들은 기사에 나지 않는다. 비록 완전히 검증되지 않았다고 하더라도 그렇게 검증할 수 없기 때문에 핵심적인 정보가 되는 것이다. 따라서 정보를 언론매체에만 의존하는 것은 코끼리의 코만 더듬고 코끼리를 봤다고 하는 말과 비슷하다고 할 수 있다."

그 역시 정말로 중요한 정보는 사람들로부터 얻는다고 했다. 지식의 경우도 마찬가지다. 책을 통해서 다양한 교양과 지식을 얻을 수 있는 것은 사실이지만, 현실적이면서도 바로 적용이 가능한 지식은 바로 사람으로부터 나온다. 막연한 추상론은 실용적 가치가 떨어지고 경험자의 '리얼한' 경험담이 아니면 그 응용 가능성도 상당히 좁아질 수밖에 없다. 즉, 우리가 알고자 하는 지식은 현실에 바로 적용될 수 있는 지식, 그리고 이미 그것을 경험해본 이들의 후기가 가미된 지식이라고 할 수 있다. 그래야만 제대로 활용될 수 있는 지식으로서의 위상을 충분히 가질 수 있다. 이런 점에서 인맥은 언론매체와 책을 앞서가는 중요한 지식과 정보의 망이다. 혼자의 힘으로 모든 것을 할 수 있는 '슈퍼맨'이 아닌 이상 타인과의 관계에서 자신의 지식과 정보를 강화시켜 나가는 일 역시 필수적이라고 할 수 있다.

사람을 만날수록 나는 더 발전한다

그러나 인맥을 이렇게 실용적인 측면에서만 정의할 수는 없다. 타인과의 만남, 특히 타 업종에 종사하는 사람들과의 만남과 커뮤니케이션은 한 사람이 가지고 있는 세계관 자체를 풍성하게 해주는 역할을 한다. 세계관이란 한 사람이 세상의 여러 가지 것들을 바라보는 시선, 또는 인식과 판단의 여러 가지 기준점들이 총체적으로 모인 것이라고 할 수 있다. 따라서 비슷한 환경의 사람, 그리고 동종 업계의 사람들은 비슷한 세계관을 가지고 있을 수밖에 없다. 그래서 다른 분야에 종사하는 사람들과 의견을 나누다 보면 편협하거나, 또는 오류에 빠져 있는 자신을 발견하게 된다.

이렇게 확장된 세계관은 자신의 교양은 물론이고 보다 성숙한 인격으로 성장해갈 수 있는 토대가 된다. 흔히 사람들은 인맥을 맺을 때 그 사람이 지닌 외부적인 것들, 즉 스펙이나 사회적인 배경만을 본다고 생각하지만, 실제로 이 사회에서 높은 위치를 점하고 있는 사람들은 스펙이나 배경보다는 오히려 인격적인 면을 우선시하는 경향이 강하다. 아무리 다른 것들이 뛰어나다고 하더라도 인격적으로 미성숙한 사람은 결국에는 실패할 수밖에 없다는 신념이 강하기 때문이다. 따라서 자신의 세계관을 확장하고 인격을 성숙시켜줄 수 있는 사람들과의 만남은 단순히 눈앞의 이익을 가져다주느냐, 그렇지 않느냐의 잣대로 판단할 수 없다.

　　이러한 점에서 본다면 인맥은 우리가 생각하는 것보다 훨씬 중요한 기능을 하고 있다. 유유상종(類類相從)이라는 말은 인맥의 이러한 성격을 잘 표현해주고 있다. 사람은 서로 비슷한 사람들끼리 만나지만 또 서로 만나면서 비슷해지기도 한다. 깡패를 친구로 둔 사람은 스스로도 깡패의 기질과 그들만의 습성을 따르게 마련이고, 고급스럽고 인간적인 교양미를 갖춘 사람을 만나다 보면 또 자연스럽게 그렇게 닮아가게 된다.

'인간은 사회적인 동물'이라는 말에 비추어본다면 인맥은 더 이상 부정적인 것이 아니다. 오히려 많은 사람들과 인맥을 맺고 그 사이에서 서로 영향을 주고받는 것은 오히려 인간의 본성에 가장 합당한 것이라고 할 수 있다.

인맥은 행복을 위한 사회적 활동이다

인맥에 관해서 무엇보다 중요한 것은 그것이 바로 '행복'을 위한 일종의 노력이자 사회적인 활동이라는 점이다. 사람의 행복에는 여러 가지가 있지만 좋은 사람들과의 관계는 수명을 연장시켜줄 수 있을 정도의 강력한 힘이 있다. 이는 과학적인 연구 결과를 통해서도 드러나고 있다. 국내 장수자들을 조사해보면 사교활동이 활발한 노인들이 고독한 노인들에 비해 사망률이 50퍼센트나 낮았던 것이다. 물론 우리가 이야기하는 '인맥'과 '사교'는 약간 다른 개념이기는 하지만 타인과의 행복하고 즐거운 관계가 얼마나 큰 영향을 미치는지를 잘 보여주고 있다.

인맥은 단기적으로는 자신의 위기관리이기도 하고 지식과

정보의 소통망이 되기도 하며 자신의 세계관을 더욱 확장시켜 주는 풍부한 경험이기도 하다. 이 모든 것이 결국에는 자신과 타인과의 좋은 관계를 유지하는 데 도움이 되고 이를 통해 보다 큰 행복을 추구하는 방법이 되는 것이다.

앞서 인맥과 사교가 약간 다른 개념이라고 했지만 또한 궁극적으로 인맥과 사교는 적절하게 혼합되어야 할 대상이기도 하다. 가장 이상적인 형태의 인맥은 단지 도움을 얻기 위한 목표추구형 인간관계뿐만 아니라 즐거운 사교의 개념이 섞여 있는 인간관계가 되어야 한다는 것이다.

연인 사이에 소위 '궁합'이라는 것이 있듯이 동성관계에서도 궁합 또는 코드라고 불리는 것들이 존재한다. 궁합과 코드는 서로 같은 성향이나 같은 취미에서, 또는 비슷한 환경에서 일치하는 경우가 많다. 그리고 이렇게 코드가 맞는 사람들끼리 만나게 되면 시간 가는 줄 모르게 즐거운 경우가 많다. 만남이 즐거운 사람들끼리는 함께 취미를 나누는 것도 즐겁고 비즈니스를 하는 것도 즐거울 수밖에 없다. 더불어 자신이 도움을 주면서도 행복해지는 것이 바로 이런 사람들과의 관계이기도 하다. 우리는 인맥을 통해서 '남이 나를 도와주었으면 좋겠다'고 생각하지만 오히려 내가 상대를 돕게 되는 즐거움도 느끼게 된다. 따라서 좋은 인맥을 통한 상호관계는 자신과 타인의 삶 자체를 풍성하고 행복하게 만들어준다.

　우리는 지금까지 인맥에 대한 몇 가지 정의를 살펴봤다. 자기 스스로 인맥의 긍정성에 대해 명확하게 인식하게 되면 보다 실천적인 노력을 기울일 수 있고 더불어 그 효과도 극대화될 것이다.

인맥은 스펙 좋은
사람들의
전유물이 아니다

인맥을 부정적으로 생각하는 사람들은 대체로 인맥 자체에 대해 오해를 하고 있는 경우가 많다. 인맥에 대한 오해는 정상적이고 건강한 인맥을 발전시키는 데에 방해가 된다. 대상에 대한 판단과 인식 자체가 잘못되어 있으면 그에 대한 접근 방법도 잘못될 수밖에 없기 때문이다.

'인맥'이라는 것이 엘리트 코스를 밟은 사람들이나 갖는 고급스러운 인간관계라고 생각하는 사람들도 있다. 이는 언론의 영향도 크다. 메이저 미디어들이 '서울대 인맥', '삼성 인맥' 등을 거론하면서 마치 이 사회의 특권층만이 영향력 있는 인맥을 형성하고 있다는 이미지를 주기 때문이다. 그러나 인맥은 좋은 학교를 나오고 좋은 회사에 다닌다고 생기는 것은 아니다. 자신의 처지에서 삶을 공유하고 서로 진심으로 도움을 주고받을 수 있으면 그것이 바로 자신의 가장 중요한 인맥이 될 수 있는 것이다.

그렇다면 생각을 바꿔 '자신에게 가장 소중한 인맥은 무엇일까' 생각해보자. 누가 나에게 가장 중요한 사람일까. 그것은 당연히 가족이다. 일부 사람들은 자신들의 가족을 '인맥'의 개념에서 제외하는 경우가 많지만 그것 역시 인맥에 대한 오해에서부터 비롯된 것이다. 세상 그 누구보다 '피와 살'을 함께 나눈 '혈육(血肉)'보다 더 가까운 사람들이 어디 있겠는가. 가족들은 죽을 때까지 자신을 지지하고 배려하고 도움을 줄 사람들이다. 가족 간의 인맥조차 제대로 관리하지 못하는 사람이 밖에서 인맥을 잘 맺어갈 리는 없다. '피와 살'로 맺어진 관계도 제대로 관리하지 못하는데 아무런 관계도 아니었던 사람을 진심으로 관리하는 게 가능한 일인가.

인맥은 '힘 없는 나'가 '힘 있는 누군가'를 만나는 것이 아니라 '나와 누군가가 함께 영향력을 만들어가는 과정'이다. 비록 별 것 없어 보이는 내 옆자리의 동료도 나의 훌륭한 인맥이 될 수 있다. 그리고 그렇게 사소한 인맥부터 잘 맺어나가야 언젠가는 본인이 생각하는 '큰 인맥'도 맺어나갈 수 있게 된다.

인맥은 안 되는 것을 되게 하는 '빽'이 아니다

인맥에 관한 가장 큰 오해가 있다. 인맥을 '빽'이라고 생각하는 것이다. 보통 빽을 들먹이는 순간은 언제나 자신이 곤경에 처했을 경우다. 그런데 문제는 그러한 '곤경'이라는 것이 늘 불법적인 일이거나 또는 정상적인 방법으로 문제 해결이 안 될 때라는 점이다. 따라서 빽은 마치 안 되는 것을 되게 하는 것으로 인식되는 경우가 많다. 하지만 정상적인 사회 생활에서 인맥은 결코 빽이 될 수 없다. 설혹 빽이 될 수 있다고 하더라도 상대가 한두 번 어쩔 수 없이 그 부탁을 들어주는 것일 뿐 지속적인 관계로 확대 발전될 수 없다는 이야기다. 인맥은 자신의 문제를 '해결'하는 것이 아니라 보다 효율적이고 여유롭게, 그리고 능수능란하게 일을 해결할 수 있는 하나의 방법론이다.

인맥은 '패거리'가 아니다

　　　　인맥에 관한 두 번째 오해는 사람들 간의 인맥을 일종의 패거리로 인식하는 경우다. 물론 겉으로 패거리임을 자인하는 사람은 없겠지만 은연중에, 그리고 자신도 알지 못하는 사이에 '몇 기'라든지 '어디 출신'이라는 '패거리 의식'이 형성되곤 한다. 이럴 때 나타나는 가장 특징적인 현상은 바로 타인에 대해서 열린 마음을 갖지 못하고 폐쇄적인 집단의 특성을 보인다는 것이다. 그들로서는 단단한 인간관계일 뿐이라고 단정짓겠지만 남들이 봤을 때는 그것과는 정반대로 보일 수 있다.

　이러한 패거리 의식은 특히 직장에서 자주 나타난다. 자신의 업적과 실력이 상사, 또는 일부 동료의 평가에 의해서 좌우되거나 또는 상호 연계되어 있는 경우 일종의 패거리 의식을 조장해 경쟁자에 대해 공격적인 반응을 보이기도 한다. 물론 서로에게는 호의적인 반응을 보이기 때문에 단지 당사자들만이 '인맥'이라고 착각할 뿐이다.

　그러나 이러한 패거리 의식으로 인맥관계를 형성했을 때, 그 가장 큰 피해는 자신이 보게 된다. 일단 외부의 시선이 곱

지 못하다. 따라서 새로운 인맥을 맺어가려고 할 때 큰 장해물
이 되고 자신이 원하지 않는 왜곡된 이미지가 형성되어 기존
의 인맥도 도외시당할 수가 있다.

좋은 인맥의 가장 큰 특징은 누구에게나 열려 있어야 한다
는 점이다. 원하면 누구든 교제를 할 수 있고 서로 소개를 시
켜주고 또 도움이 될 수 있도록 배려해주어야 한다.

왜 인맥을
맺고 싶은가?

'인맥'을 맺어가고자 하는 많은 사람들에게는 일종의 공통된 시선이 하나 있다. 그것은 바로 인맥 자체를 성공을 위한 하나의 수단으로 본다는 점이다. 물론 인맥에 대한 이러한 접근이 잘못됐다고 볼 수는 없다. 사람은 누구나 자신에게 도움이 되지 않는 일이면 그에 대한 노력 자체를 많이 기울이지 않기 때문이다. 한번 이렇게 질문해보자.

"당신은 왜 인맥을 맺으려 하는가?"

이는 인맥에 대한 매우 본질적인 질문 중 하나다. 아마도 대부분의 사람들은 '어려울 때 도움을 얻기 위해', 또는 '지금 내가 하고 있는 일이 더 잘, 더 부드럽게 되도록' 하기 위해 인맥이 필요하다고 할 것이다. 이러한 기본적인 생각의 배후에는 인맥 자체를 '활용'과 '이용'의 개념으로 바라보는 시선이 존재하고 있다.

또한 '좋은 인맥이란 무엇인가'라고 물었을 때도 비슷한 대답이 되돌아온다. 아마도 대부분의 사람들이 '나를 도와주는 사람', '나를 이끌어주는 사람', '어려울 때 힘이 되는 사람'이라고 말할 것이다. 이러한 대답의 배경에도 마찬가지의 생각이 자리잡고 있다. 지극히 '자신의 입장'만이 반영되어 있다. '나를', '나를 위해서', '내가 어려울 때'라는 말 자체가 이미 그렇다.

부처를 만나면 부처를 죽여라

불교는 중생들이 부처가 되기 위해 여러 가지 수행의 길을 걷고 도를 닦는 종교다. 불교의 궁극적인 목적은 수행하는 자 스스로가 바로 '부처'가 되는 것이다. 그렇게 해야만 해탈을 할 수 있고 이를 통해 고통이 없는 영원한 세상으로의 진입을 꾀할 수 있다. 불교 경전 중에 이런 말이 있다.

"수행의 과정에서 부처를 만나면 부처를 죽여라."

부처가 되기 위한 길에서 부처를 만났는데 왜 부처를 죽이라는 것일까. 그것은 수행을 하는 과정에서 '부처'라는 대단한 존재 자체가 부처가 되는 길을 막는다는 의미다. 비록 부처를 목적으로 하고는 있지만 '과연 내가 부처가 될 수 있을까'라는 의구심이 오히려 부처가 될 수 있는 길을 방해하기 때문이다.

이는 인맥에 대해서도 그대로 적용할 수 있다. 궁극적으로 인맥의 가치는 '활용과 이득'으로 돌아올 수 있다. 그러나 그러한 활용과 이득을 염두에 두고 있다면 진정한 인맥관계는 불가능하다. 우리는 활용과 이득에 대한 모든 생각을 버리고 순수한 마음 그 자체로 인맥을 맺어가야 한다. 부처를 만나면 부처를 죽여야 하듯이 인맥을 맺는 과정에서 인맥에 대한 목적성을 완전히 없애버려야 한다는 것이다.

자기중심적인 사람을 좋아하고, 그 사람과 인맥을 맺으려는 사람은 아무도 없다. 그것은 아마 독자 스스로도 그럴 것이다. 누군가가 당신에게 접근할 때 '이 사람으로 하여금 나를 돕게 하고, 이 사람을 활용해서 내가 이득을 얻어 보겠다'

라는 태도를 보인다면 과연 당신은 그 사람을 당신의 인맥으로 허락할 것인가. 인맥에 대해서는 보다 순수한 태도의 접근이 필요하다. 무언가를 얻겠다는 태도 자체가 인맥 맺기를 방해하고 있기 때문이다.

인맥을
디자인하라

이제 '인맥 디자인'에 대해서 살펴보자. 인맥 디자인이란 단순한 '인맥 만들기'에 그치지 않는다. 인맥 만들기는 수동적이고 때론 기계적인 느낌을 준다. 인맥에 대해 설명하는 대부분의 자기계발서 역시 이런 수동적이고 기계적인 인맥 형성에 초점을 맞추고 있는 것이 현실이다. 다음은 많은 사람들이 인맥 맺기의 방법이라고 생각하는 평범한 명제들이다. 이 명제들은 과연 올바른 것들일까? 함께 짚어나가보자.

● 상대를 만나기 전에 미리 정보를 파악하라?

성실한 준비 자세로서는 나쁘지 않지만 자칫하면 상대에게
불쾌감을 줄 수도 있다. '용의주도하고 집요하게' 자신을 파
악하고 모든 것을 준비하고 나왔다는 인상은 상대에게 '뭔가
목적한 바가 있는 것이 아닌가?'라는 의구심을 들게 하기 때
문이다. 처음 만난 사람이 자신에 대해서 너무 많은 것을 알
고 있다면 경계하고 방어하는 태도를 취하게 된다.

● 다양한 모임을 통해 교제의 폭을 넓혀라?

인맥을 확장하기 위해서는 당연한 말처럼 들리기도 한다. 하
지만 '선택과 집중'을 실현해내지 못하는 무차별적인 만남은
'인맥'으로서의 의미가 없어지고 만다. '폭'을 넓히는 것은
중요하지만 거기에 '깊이'가 없다면 그저 '오지랖 넓은 사람'
이라는 평가에 그치고 말 것이다.

● 자주 만나 서로를 파악하라?

인맥을 위해서는 자주 만나는 것이 무엇보다 중요하다. 하지
만 현실적으로 바쁜 생활을 하고 있는 상황에서 자주 만나
는 것은 쉽지 않다. 친한 친구들도 자주 만나지 못하는 상황

41

에서 처음 인맥을 맺어나가려는 사람과 자주 만나는 것은 거의 불가능하다고 해도 과언이 아니다. 자주 만나기 위해 자주 연락을 하고 약속을 잡으려고 하면 오히려 상대에게 부담감만 안겨줄 뿐이다.

● 정기적으로 전화를 걸어 안부를 물어라?

이 말도 바로 위의 명제와 비슷하다고 할 수 있다. 보험설계사들이 자주 보내는 문자도 짜증을 내는 경우가 많은데 자주 전화를 걸어 안부를 묻는 것도 의미가 없다. 서로 허물없는 관계가 되었다고 하더라도 지나친 안부 전화는 짜증을 유발하는 요소가 될 수도 있다.

● 인맥은 '기브 앤드 테이크'다?

이 말도 표면적으로 맞는 말처럼 보이기도 한다. 인간관계에서 '주고받는' 것이 없는 관계는 따지고 보면 아무런 관계도 아니기 때문이다. '인맥'이라고 하면 당연히 무언가를 서로 주고받는다. 하지만 계산에 따른 정확한 '기브 앤드 테이크'는 오히려 깊은 인맥을 맺어가는 데 방해 요소가 되기도 한다.

위와 같은 일반적인 인맥 만들기의 방법론을 부정한다면 도대체 어떻게 인맥을 맺으라는 이야기일까? 그에 대한 자세한 사항은 다음 챕터에서부터 차근차근 설명할 것이다. 현재 단계에서 중요한 것은 '인맥'에 대한 개념과 그 방법론을 새로운 시각에서 보자는 것이다.

왜 인맥 '디자인'인가

필자는 인맥을 만들지 말고 '디자인'할 것을 제안했다. 그렇다면 디자인이란 무엇일까. 일반적으로 디자인은 하나의 상품을 소비자에게 팔리게끔 하는 미적 요소라고 할 수 있다. 산업이 고도화되어 공급과잉 현상이 지속될수록 상품에 있어 디자인의 역할은 더욱 중요해지고 있다. 같은 상품이라 하더라도 소비자의 욕구에 꼭 맞는 디자인은 날개돋친 듯 팔려나가기도 하고 그렇지 못한 상품은 창고에 쌓여 있기도 한다. 중요한 사실은 이 두 가지 제품의 기능이나 성능이 모두 동일하다는 사실이다. 이제 디자인은 제품 구성의 부가적인 요소가 아니고 '필수적인 사항'이 되고 있다. 아니, 이제는 디자인이 제품의 생명을 좌지우지하기도 한다.

　인맥관계에서도 마찬가지다. 동일한 능력을 가지고 있다고 하더라도 상대에게 어떻게 보이는가 하는 것이 관계 형성에 있어서 결정적인 요인으로 작용한다. 실제로는 능력이 조금 부족함에도 능력 이상의 많은 인맥을 갖추고 있는 사람들도 볼 수 있다. 이는 자신을 디자인하는 실력이 뛰어나기 때문이다. 마치 동일한 상품이라고 하더라도 디자인이 우수한 제품이 더 잘 팔리는 것과 같은 맥락이다.

　인맥과 디자인을 연결시킬 수 있는 두 번째 맥락은 바로 디자인 자체가 전체적인 '조화'를 중시한다는 점이다. 이는 앞서 언급했던 기계적이고 수동적인 '만들기'의 개념과는 사뭇 다르다. 핸드폰이든, 노트북이든, 아니면 세탁기든 간에 그 디자인을 잘 살펴보면 잘 팔리는 제품은 전체적인 조화가 이루어져 있다. 색상, 로고 그리고 버튼들이 통일된 모습을 보여주고 있는 것이다.

　이는 사람과의 관계에서도 그렇다. 인맥을 잘 가꾸는 사람은 그의 인맥 네트워크와 자연스러운 조화를 이루고 있다. 결코 그들에게 자주 전화를 걸어 부담스럽게 만들지도 않고, 빈번하게 식사를 하자고 조르지도 않는다. 또한 '기브 앤드 테이크'와 같은 '받기 위해 주고, 받았으면 반드시 주는' 억지스러움도 없다. 그저 그들과 자연스럽게 어울리고 그 과정에서 탄탄하고 강인한 인맥관계가 형성되는 것이다.

디자인은 꽤 과학적이고 치밀한 전략을 가지고 있다. 최근 소비자들이 좋아하는 트렌드가 무엇인지, 무슨 색깔을 좋아하고 어떤 형태의 라인을 좋아하는지를 정확하게 계산하고 명확하게 제시하고 있다. '메이킹'을 하지 말라는 것이 결코 치밀한 전략을 갖지 말라는 이야기는 아니다. 기계적이고 수동적인, 그리고 억지스러운 면을 없애자는 것이 궁극적인 의미다. 오히려 인맥 디자인의 개념은 기존의 인맥 네트워크 방법보다 더 치밀하고 계산적이다. 다만 그것이 보다 자연스럽게 보이게 하고 전체적으로 조화를 이룰 수 있게 하는 기술인 것이다.

인맥이란 만들고 싶다고 만들어지는 것이 아니라는 사실을 깨달아야 한다. 또한 천차만별의 개성을 지니고 다양한 사고를 하는 사람들에게 동일한 방법론을 적용하는 것도 쉬운 일은 아니다. 따라서 새로운 인맥 형성 방법론인 '인맥 디자인'은 기존의 방법과는 확실하게 차별화되고 있다.

예를 들자면 이런 것이다. 기존에는 '기브 앤드 테이크'를 하라고 하지만 인맥 디자인에서는 '받지 말고 주는 것 No Take,

45

Just Give'을 말한다. 받지 말고 그냥 주라는 것이다. 이는 실제로 현실에서 굉장히 강력한 힘을 발휘하고 상대를 자신에게 확실하게 밀착시키는 주요한 방법이다. 받지 않고 그저 주는 것은 상대에게 부채감을 형성시켜주고 이는 빠르고 효율적으로 사람과 가까워질 수 있는 방법이 된다. 이러한 다양한 방법론에 대해서는 뒤에서 보다 자세히 설명하겠다.

서너 명만 거쳐도
나의 인맥이 된다

각종 통신 기기들을 통해서 의사소통이 '실시간'으로 이뤄지고 있는 현대 사회에서는 몇 가지 새로운 인맥의 현상들이 나타나고 있다. 가장 대표적인 것 중 하나는 이른바 '복잡계 이론(Complex Systems Theory)' 현상이 나타난다는 점이다. 이는 의사소통이 원활하지 않았던 과거 시대와 전혀 다른 양상을 보여주고 있으며 인맥의 정의 역시 달라지고 있음을 보여주고 있다.

'인맥'이라고 하면 지극히 현실적이고 실천적인 분야인데, 어려운 이론까지 거론하며 이야기해야 할까 생각할 수도 있겠다. 그러나 이론은 현상의 본질과 핵심을 그대로 함축하고 있다. 우리가 하려는 '인맥 디자인'은 보다 새로운 접근 방법이고, 그 방법론 역시 기존과는 많이 다르다. 따라서 근본적인 문제부터 새롭게 살펴보는 것이 도움이 될 것이다. 또한 복잡계 이론은 앞으로 설명하게 될 '브리지 피플'의 이해를 위한 중요한 계기가 되기도 한다.

이 '복잡계 이론'에 대해서 간단히 살펴보자. 복잡계는 경제학 영역에서 가장 먼저 사용되기 시작한 용어였지만 최근에는 생명과학, 사회학, 물리학, 화학 등 여러 분야에서 적용되고 있다. 그 사전적인 정의는 '어느 장소에서 일어난 작은 사건이 그 주변에 있는 다양한 요인에 작용을 하고, 그것이 복합되어 차츰 큰 영향력을 끼침으로써 멀리 떨어진 곳에서 일어난 사건의 원인이 된다는 이론'이다.

복잡계 이론은 원인과 결과에 대한 기존 이론의 비판적 대안이라고 할 수 있다. 예전에는 '하나의 원인에 하나의 결과'가 대응한다고 생각했다. 즉, 지금 하나의 결과가 있다면, 그것을 유발하는 원인도 '하나'라는 생각이었다. 물론 이는 어느 정도 들어맞는 부분이라고 할 수 있다. 내가 책상 위에 있는 동전을 손가락으로 튕긴다고 생각해보자. 튕겨져 나가는 동전이 하나의 결과라면 그 유일한 원인은 그 동전을 튕긴 나의 손가락 힘이었다. 여기에서는 '하나의 결과에 하나의 원인'이라는 이론이 들어맞는다. 하지만 거대 경제와 기타 학문 영역 전체를 포괄하기 시작하면 문제가 그리 단순하지만은 않다.

아는 사람의 아는 사람의 아는 사람의 힘

인터넷은 끊임없는 '복잡계'의 세계다. 인터넷은 수없이 많은 네티즌들이 서로 영향을 주고받으면서 거대한 영향력을 발휘한다. 하지만 그 영향력은 단순히 몇 명의 네티즌에 의해서 발생하지 않는다. 사안을 바라보는 수많은 네티즌들의 격론과 각종 미디어의 기사, 사회 단체들이 발휘하는 힘까지 총체적으로 얽혀서 거대한 영향력을 발휘하고 있는 것이다. 하나의 결과에 수많은 원인들이 존재하고 있으며 그 원인들의 상호작용에 의해서 결과가 발생하게 되는 것이다. 이는 기존의 '하나의 결과에 하나의 원인'이라는 현상을 부정하고 있다.

이제 우리가 말하고자 하는 '인맥 디자인' 분야에서 이를 적용시켜보자. 인맥이란 복잡다단하게 얽혀 있는 하나의 거대한 네트워크다. 나는 A라는 사람과 B라는 사람을 알고 있고 동시에 C, D도 알고 있다. 그런데 더 세밀하게 관찰하면 서로 모르고 지낼 것 같은 B와 D도 서로 알고 있으며 A와 C도 서로 알고 지내는 사이일 수 있다.

이제 문제는 말 그대로 '복잡'해진다. 내가 B에게 무언가를 잘못하게 되면 그 사실은 D에게도 전달되고 이 사실은 또한 내가 모르는 Z에게도 전달될 수 있다. 어느 날 내가 Z를 처음 만나는 자리에서 이미 Z는 나에 대해서 대략적인 것을 파악하고 있을지도 모를 일이다. 결국 나와 B와의 인맥이라는 '결과'가 결코 나와 B 사이의 문제만은 아니라는 사실이다. 그 관계에는 Z도 개입이 되어 있고 느닷없는 J와 H도 관여되어 있는 것이다. 다만 내가 현재 모르고 있을 뿐이며 파악하지 못하고 있을 뿐이다.

보다 중요한 사실은 현대 사회에서는 정보의 소통이 무한정 빨라지고 있다는 사실이다. 휴대폰과 메신저, 인터넷 게시판과 SNS 등을 통해 정보는 순식간에 퍼져가고 확산되고 있다. 뿐만 아니라 많은 사람들이 인맥을 확장하려는 노력을 기울이고 있기에 인맥 네트워크도 점점 촘촘해지고 있다. 한 개인이 맺어가는 인맥의 수가 점차 많아질수록 각 네트워크의 연결점들이 더욱 밀접해지고 있는 것이다.

결국 견고해진 네트워크와 빠른 정보 소통력은 이제 '일대 일'의 인맥관계가 아니라 '일대 다수'의 인맥관계로 변화되고 있다. '하나의 결과에 하나의 원인'이 아니라 '하나의 결과에 다수의 원인'이 되는 것이다.

앞서 이러한 복잡계 이론이 인맥의 정의도 달라지게 한다고 말한 바 있다. 즉, 인맥의 정의라는 것이 기존에는 '내가 알고 있으며, 나와 서로 도움을 주고받는 사람'이었다면, 복잡계 이론이 적용되는 현대 사회에서는 '아는 사람'에 한정되는 것이 아니다. '아는 사람의 아는 사람', 그리고 더 확장해본다면 '그 아는 사람의 아는 사람'으로까지 확장된다는 것이다. 아직 만난 적 없는 사람도 언제든 서너 명만 거치면 나의 인맥이 될 수 있는 것이다.

마당발 그 이상의 힘, 브리지 피플

인맥에 대한 새로운 정의는 곧 '브리지 피

플'의 등장을 현실화시킨다. 각각의 개별화된 사람들이 끊임없이 새로운 사람들을 통해서 다른 사람에게로 연결될 수 있다는 것은 여러 가지 네트워크를 하나로 끌어들이는 정점들, 즉 중심에 선 사람들의 출현을 가능케 한다. 이들은 이른바 '마당발'이라는 이름으로 불리기도 하는데, 사람들을 많이 알고 있으면서 또 그 인간관계에서 우위에 서 있는 사람을 말한다.

하지만 '마당발'과 '브리지 피플'이 다른 점은 분명히 존재한다. 마당발은 많은 사람을 알고 매우 친밀하게 지낼 수 있지만 그 사람이 인간관계에서 어떤 우위를 획득하지 않는 한 그는 그저 평범한 '마당발'에 불과하게 된다. 복잡계 인맥 현상으로 보면 새로운 사람을 만났을 때, 상대에 대한 나의 평가가 이미 상대에게 전해졌을 수도 있다. 특히 같은 업종이나 한 분야에서 일을 하고 있는 사람들의 경우라면 이러한 가능성은 현저하게 높아진다.

결론적으로 보자면 인맥에 관한 복잡계 이론은 우리에게 세 가지 중요한 교훈을 남긴다. 첫째, 브리지 피플의 등장은 가장 효율적으로 인맥을 넓혀갈 수 있는 지름길이 있음을 알려준다. 둘째, 의지만 있다면 아직 만나지도 않은 수많은 잠재적인 사람들을 자신의 인맥으로 만들 수 있다는 것이다. 셋째,

아직 만나지 않은 사람이지만, 이미 그가 당신에 대해 상당히
다양한 정보를 가지고 그가 이러저러한 '판단'을 내리고 있을
수 있다는 점이다.

고향 친구와
페이스북 친구는
어떻게 다를까?

인터넷이 발달하면서 지금까지와는 전혀 다른 인맥이 새롭게 부각되고 있다. 이른바 'SNS(소셜 네트워크 서비스) 인맥'이라는 것이다. 온라인 커뮤니티, 트위터, 페이스북, 블로그, 인스타그램 등을 통해서 맺어지는 관계를 말한다. 이 SNS 인맥은 첫 만남에서부터 교제의 유지와 확대, 그리고 단절에 이르기까지 기존의 인맥관계와는 전혀 새로운 현상을 만들어가고 있다.

이른바 '디지털 키즈(Digital Kids)'라고 불리는 10대 청소년들과 20대들은 대부분 이러한 SNS 인맥 맺기에 아주 익숙해져 있다. 어쩌면 이들에게는 이러한 인맥 자체가 '익숙하다'는 개념이 아니라 오히려 그것 자체가 인맥의 전부일지도 모른다. 중장년층도 이러한 SNS 인맥 맺기를 무시할 수 없는 입장이다. 그런데 SNS 인맥은 다양한 장점에도 '온라인'이 지니는 기본적인 속성상 단점도 없지 않다. 우선 장점부터 살펴보자.

내가 선택하는 인맥

인맥은 크게 두 종류로 분류할 수 있다. 하나는 외부의 조건에 의해서 규정되는 인맥이다. 혈연이나 지연, 학연, 직연(직장 인맥)이 그것이다. 내가 태어나는 곳을 내가 지정할 수 없고 초·중·고등학교 역시 나의 의지대로만 갈 수 없기 때문에 이런 인맥은 일종의 '규정되는 인맥'이라고 할 수 있다. 선택의 자유가 없기 때문이다. 철없는 초등학교 시절의 장난꾸러기들이 사회에 나와 튼튼한 인맥을 형성하고 있는 것이 가장 대표적인 사례라고 할 수 있다.

직장 인맥 역시 마찬가지다. 직장 생활을 하다 보면 굳이 인연을 맺고 싶지 않아도 맺어야 하는 관계도 있고 또 객관적인 상황 속에서 그 인맥을 유지해야만 하는 경우도 있기 때문이다.

두 번째는 사회 생활을 하면서 필요에 의해서 선별적으로 맺어가는 인맥이다. 이러한 인맥은 선택적이면서도 또한 구속력을 가지고 있는 이중적인 인맥이라고 할 수 있다. 모임을 가지다 보면 자연스럽게 알게 되는 경우도 있고, 또 함께 참석한 사람 때문에 어쩔 수 없이 가까워져야 하는 경우도 있다. 그러나 그와 반드시 인맥을 맺어가야 할 필요는 없기에 또한 선별적이기도 하다.

하지만 SNS 인맥은 이와는 전혀 다르다. SNS 인맥은 대체로 커뮤니티를 중심으로 만들어지기 시작한다. 물론 커뮤니티의 가입과 탈퇴 여부는 순전히 개인의 의지다. 자신의 능력과 상관없이 선택할 수 있다는 점이다. 따라서 '내가 선택하는 인맥'이라고 분류할 수 있다. 또한 원하지 않으면 탈퇴를 하면 되고 오프라인 모임에 나가지 않으면 되기 때문에 선택적인 것이다.

구속력이 없는 자유로운 관계

혈연이나 지연, 학맥은 스스로 아무리 탈퇴를 하고 싶어도 탈퇴를 할 수가 없다. 과거가 현재를 장악하고 있기 때문이다. 물론 모임에 나가지 않고 연락하지 않을 수는 있지만 그렇다고 원천적인 관계 자체를 부정할 수는 없다. 어느 학교 출신, 어느 지역 출신이라는 꼬리표는 평생을 따라다니기 때문이다. 특히 학맥의 경우 한국 사회에서는 강압적이기까지 하다. 물론 성인이 된 후에 무언가 억지로 이뤄지지는 않겠지만 은연중에 심리적인 강압이 있는 건 어쩔 수 없는 사실이다. 모르는 두 사람이 우연히 자리를 함께 하다가도 같은 고등학교 선후배란 사실이 밝혀지자마자 한 명은 말을 놓으며 선배 행세를 하고 다른 한 명은 바로 '형' 또는 '형님'이라는 말을 하기 때문이다. 이는 한국 사회 특유의 보수성 때문이기도 하며 학맥이 얼마나 강한 구속력을 가지고 있는지를 잘 보여주는 예다.

그러나 SNS 인맥에서는 이러한 구속력이 상당히 약화되어 있다. 선후배가 중요시되는 수직적인 관계보다는 수평적이고 평등한 관계가 유지되고 있다. 이런 점에서 SNS 인맥은 상당히 '민주적'인 성격을 갖췄다. 보수성과 퇴행을 탈피했을 뿐만 아니라 부정적인 인식이 내재해 있는 '파벌'과 '특정 집단'이라는 소속감에서 벗어나 자유로운 관계를 맺을 수 있기 때문이다.

인터넷처럼 쉽고 빠른 관계

SNS 인맥의 또 다른 특징이라면 인맥 맺기의 속도가 인터넷 속도만큼이나 빠르다는 사실이다. SNS 인맥의 친밀도가 급속하게 높아지는 이유는 여러 가지가 있겠지만 게시된 글을 공유함으로써 상대에 대해서 충분히 파악할 수 있다는 점이다. 일반적인 인맥이라면 상대가 어떤 성향인지를 파악하는 데만 상당한 시간이 걸리게 마련이다. 그러나 SNS에서는 우선 공개된 글을 통해서 서로를 파악하게 된다. 게시글은 글쓴이의 스타일이나 취향 등을 드러내기 때문에 상대와 내가 코드가 얼마나 일치하는지 직관적으로 판별할 수 있게 해준다.

또한 SNS에서는 애초부터 자신이 무엇을 원하는지를 솔직하게 드러낸다는 점에서 거추장스러운 형식이나 절차적 예의 같은 것이 필요없다. 무언가를 두루뭉술하게 표현할 필요도 없고 상대의 마음이 어떤지를 괜히 유추해볼 필요도 없다. 자신의 필요가 뭔지, 그리고 어떤 사람을 원하는지를 바로 글로 표현할 수 있기 때문에 보다 빠르게 친밀도가 형성될 수 있는 것이다.

SNS 인맥은 젊은 세대들의 새로운 인맥 트렌드로 확고하게 자리를 잡았다. SNS 인맥은 이 사회의 주류뿐만 아니라 비주류와 언더그라운드의 사람들까지 모두 포괄한다는 점에서 '혁신적'이라고 표현할 수 있다. 그곳에서는 이제까지 보지 못했던 평등과 자유, 그리고 민주주의적 인간관계가 새롭게 태어나고 있기 때문이다. 하지만 SNS 인맥이 꼭 장점만 가지고 있는 것은 아니다. 디지털이 가지고 있는 기본적인 속성인 익명성과 가벼움은 상당한 단점이 되기도 한다.

넓지만 얕은 관계

SNS 인맥은 상당히 빠른 방식으로 넓혀

갈 수 있지만 그 깊이가 얕다는 한계를 가지고 있다. 지금이라도 원한다면 당장 몇 개의 SNS에 가입하고 오프라인 모임에 참석한다면 누구든 수십 명의 새로운 사람을 만날 수 있다. 특히 온라인에서 서로의 닉네임만 접하다가 실제로 만나게 되면 마치 오래된 사이처럼 금세 친해지게 마련이다. 서로의 필요에 따라 다양한 이야기들이 오갈 수 있지만 다음날이면 그 인맥이 차츰 엷어지는 일이 다반사라고 할 수 있다.

실제 요즘 젊은이들의 핸드폰에는 수백 명의 이름이 저장되어 있기는 하지만 그중의 대부분은 시간이 흐르면서 이름과 얼굴이 제대로 '매치'되지 않거나 또 상당수가 그저 술자리에서나 가끔씩 얼굴을 보는 관계인 경우가 많다. 넓기는 하되 깊지 못한 관계는 진정한 인맥이라고 보기 힘들다. 다양한 관계에서 진정한 옥석을 가려내는 혜안이 필요하겠지만 기본적인 만남의 속성에 이미 한계가 있다는 점을 지적하지 않을 수 없다.

쉽게 판단하고 쉽게 결정하는 관계

SNS 인맥이 깊은 관계로 나아가기 어려운 이유는 이른바 서로에 대한 평가를 쉽게 하고 신뢰성 없는 평가가 빠른 속도로 퍼져나가기 때문이다.

아주 오래된 인맥은 상대의 실수를 비교적 인내심 있게 참아준다. 설사 실수를 했더라도 상대는 그의 실수를 너그러이 봐줄 수도 있고 또 진심어린 충고와 조언으로 올바른 길로 갈 수 있도록 이끌어줄 수도 있다. 뿐만 아니라 그 둘 사이에는 상당한 신뢰가 형성되어 있기 때문에 그러한 잘못을 타인들에게 섣불리 퍼뜨리거나 매도하지 않는다. 하지만 신뢰가 깊지 못할 경우 일시적인 실수가 과대포장되고 그러한 소문이 퍼져나가는 경우가 많다.

아무것도 아닌 사이에서는 쉽게 판단하지도 않고 또 그 소문을 퍼뜨리지도 않겠지만, 때로 SNS 인맥의 엉성한 관계가 오히려 부작용을 일으키는 것이다. 이러한 현상은 생각보다 깊은 부작용과 상처를 남기기도 한다. 쉽게 판단하고 쉽게 결정을 내릴 수 있는 이러한 SNS 인맥의 특성은 오히려 인맥을 맺어나가는 데 큰 장해물이 될 수 있다.

검증이 쉽지 않다

모든 인맥관계는 어느 정도 검증의 시간을 거치게 마련이다. 혈연, 학연, 지연이 그토록 강한 것은 이미 어느 정도의 검증을 거쳤다는 의미이기도 하다. 그러나 SNS 인맥에 있어서는 오로지 같은 소셜미디어에서 활동했다는 것 이외에는 검증의 과정을 혼자서 해야 한다는 단점이 있다.

학연이라면 이미 같은 학교의 동년배 친구들이 전해주는 말을 통해서, 지연 역시 출신 지역 사람들의 평가에 의해서 검증을 거치게 마련이다. 그러나 SNS 인맥은 상대방의 '과거'는 전혀 모른 채 오로지 '현재'만 가지고 판단을 해야 하며 또한 그것에 대한 책임 역시 혼자 져야 한다. 상대에 대한 검증이 쉽지 않다는 것, 또는 그 검증을 오로지 혼자서 감당해야 한다는 사실은 인맥의 고리를 약화시키고 믿음의 깊이를 성숙시키지 못한다.

세상의 모든 일들이 다 장단점이 있겠지만 특히 SNS 인맥의 분야에서는 그 장단점이 동전의 양면처럼 구성되어 있다. 가장 큰 장점이 뒤집어 보면 가장 큰 단점이 돼버리고 만다.

따라서 SNS 인맥은 결국 오프라인의 인맥 개념에 의해서 보충되고 그 기준점에 의해서 충실한 관계로 변모되어야 한다.

그렇다면 이 SNS 인맥에 있어서는 어떻게 우리의 '디자인' 개념이 적용될 수 있을까. 이에 대해서는 3장에서 더 자세하게 살펴볼 것이다.

좋은 첫인상을 남기는 방법이 있다면?

먼저 인사하고 웃어라. 이것보다 좋은 첫인상을 남기는 방법은 없다. 인사는 유대관계를 형성하는 첫 걸음이며, 웃는 얼굴은 상대에게 최상의 이미지를 각인시킨다. 또한 상대가 인사를 하지 않더라도 먼저 인사를 건네는 습관을 들이는 것이 좋다. 먼저 건네는 인사는 상대에 대한 긍정의 표현이라 할 수 있다. 누구나 자신을 긍정적으로 평가해주는 사람에게 호감을 느낀다.

외국, 특히 서구 문화권에 출장이나 여행을 가면 현지인들이 낯선 사람과도 자연스럽게 인사를 주고받는 광경을 흔히 볼 수 있다. 눈이 마주치면 가볍게 미소를 짓거나 인사를 건넨다. 한국인들은 먼저 건네는 인사에 익숙하지 않은 편이다. 식당이나 카페에서 서비스를 받을 때도 인사를 잘 하지 않는다. 낯선 사람은 아니지만 먼저 인사하기에도 어색한 사이일 때는 일부러 못 본 척하기도 한다. 그러나 그럴 때일수록 먼저 용기를 내어 인사하는 것이 좋은 첫인상을 남기는 지름길이다. 유대관계를 형성하고 싶은 상대가 있다면 먼저 인사할 기회를 포착하는 것이 좋다. 이때 바른 자세를 갖추는 것도 중요하다. 미소와 함께, 상대의 눈을 보면서 머리와 상체를 숙여 인사하는 모습이 가장 바람직하다.

나는 비즈니스로 알게 된 사람은 물론이거니와 주위에서 보는 분들에게도 항상 먼저 인사를 건네려 노력한다. 그러다 보면 친절을 생활화하는 자세와 낯선 사람을 대하는 내공이 나도 모르게 쌓이게 된다. 이러한 행동은 대외적으로 친절하고 사교적인 이미지를 구축하는 데 큰 도움이 되었다. 유능하되 인간미 넘치는 첫인상은 이렇게 기본적인 예절에서부터 시작된다.

2

인맥 관리의 시작,
셀프 브랜딩

쌓여만가는 명함에 늘어만가는 휴대폰의 연락처들. 과잉의 시대에는 상대의 머릿속에 확고하게 각인되는 것이 없으면 금세 잊혀져버리고 만다. 잊혀지지 않기 위한 노력, 독특하면서도 신뢰성 있는 캐릭터를 구축하기 위한 노력이 바로 셀프 브랜딩의 궁극적인 정의다.

불멸의
홍길동

'질풍노도'의 시기라고 불리던 사춘기 시절, 누구나 한번쯤은 '나는 누구인가?'라는 철학적 질문에 사로잡힌 적이 있을 것이다. 하지만 생각은 미로에 빠지기 일쑤였다. 이제 그로부터 수년이 지난 지금, 우리는 또다시 '나는 누구인가?'라는 질문을 던져봐야 한다. 지금 다시 해보는 그 질문은 그것은 단순히 사변적이거나, 또는 철학적인 질문이 아니다. 바로 자신의 브랜드를 정립하기 위한 하나의 방법이다.

인맥 디자인을 위한 가장 최초의 작업이자 가장 확실한 방법이 바로 '셀프 브랜딩', 즉 자기 자신을 하나의 브랜드로 만드는 것이다.

자본주의 사회에서 모든 상품은 하나의 브랜드로 귀속되고 또한 그 브랜드의 강력한 힘을 받으며 팔린다. 사람의 인격을 '상품'에 비교할 수는 없겠지만, 엄밀한 의미에서 인맥을 맺어나가는 과정 역시 상품을 구매하는 과정과 크게 다르지 않다. 당신은 누구인가? 스스로를 단 한 줄로 표현할 수 있는가? 그것도 아주 멋진 광고 카피처럼 표현할 수 있다면 분명 셀프 브랜딩에 성공한 사람임에 틀림없다.

세상에서 가장 비싼 유혹, 브랜드

어떤 의미에서 삶은 끊임없는 '선택'의 과정이다. 선택의 전제는 또한 유혹이다. 무엇을 선택할까 하는 기로에 선다는 것 자체가 이미 다양한 유혹에서 망설이고 있다는 증거다. 무엇을 먹을까, 무엇을 입을까, 누구와 만날까, 누구와 결혼을 할까, 어떤 집을 살 것인가 등 유혹은 우리의 일상 곳곳에 자리 잡고 있으며, 또한 어떤 유혹이 더 강렬한 힘을 발휘하느냐에 따라 선택이 달라진다.

그러나 아마 세상의 그 모든 유혹의 과정에서 가장 많은 돈이 투여되는 유혹이 있다면 그것은 바로 '브랜드'일 것이다. 〈파이낸셜타임스〉에 따르면 '삼성'의 브랜드 가치는 약 194억 달러, '마이크로소프트'는 1,218억 달러에 달한다. 브랜드 가치란 브랜드가 가지고 있는 무형의 자산 또는 그 지명도만으로 현재 또는 미래에 거둘 수 있는 이익을 금액으로 환산한 것이다. 삼성과 마이크로소프트가 지금의 거대한 브랜드 가치를 지니기 위해 쏟아부은 비용 또한 만만치 않다. 광고 및 홍보 비용, 마케팅과 위기 관리 비용 등이 총체화된 것이 브랜드 가치로 재환산되기 때문이다. 기업들이 이토록 브랜드 관리에 신경쓰는 것은 그 이름 자체가 바로 '구매력'과 '매출'로 직결되기 때문이다.

브랜드는 곧 '상품에 대한 소비자들의 인식, 그리고 확고한 믿음과 신뢰'라는 말로 요약할 수 있다. 기업들은 소비자에게 '우리는 어떤 기업이며, 우리가 만든 제품은 어떤 것이다'라는 설명에 앞서 오직 단일한 하나의 브랜드로 이 모든 것을 순식간에 설명하고 고객의 머릿속에 깊숙이 각인시키고 있다. 또한 이러한 각인의 과정은 무의식적으로 이루어지게 마련이다. 복잡한 사고 과정이나 일일이 따져보는 판단을 하기 전에 순식간에 떠오르는 이미지, 바로 그것이 브랜드의 힘이다.

이는 인간관계, 또는 인맥을 맺어나가는 데 있어서도 그대로 적용된다. 아주 쉽게 '홍길동'이라는 이름에서도 우리는 일정한 브랜드를 발견할 수 있다. 홍길동이라고 하면 '동에 번쩍, 서에 번쩍'이라는 문구가 생각나면서 그의 뛰어난 무예 실력을 연상시키고, '백성들을 위해 탐관오리들을 혼내준 정의의 용사'라는 이미지를 떠올리게 한다.

'춘향이'도 마찬가지다. 아름다운 외모와 정절, 그리고 끝내 사랑을 이뤄내는 한 여성의 강인한 의지가 그려진다. 이처럼 우리가 흔히 들어왔던 사소한 이름에도 모두 오랜 시간 축적된 '브랜드'들이 속속들이 내재되어 있다.

당신의 이름은 어떤가. 주변 사람들, 당신을 알고 있는 SNS 인맥에서 당신의 이름은 어떻게 브랜드화되어 있을까. 똑똑하고 성실한 사람? 게으르지만 똑똑한 사람? 또는 귀엽지만 일은 잘 못하는 사람? 사람들이 당신의 이름을 듣는 순간, 무언가를 떠올리는 것이 있을 것이고, 사람들은 그 인식으로 당신을 이미지화하고 브랜드화하고 있다.

인맥 디자인에서 셀프 브랜딩은 가장 기초적인 단계이자 가장 확실한 방법 중 하나다. 셀프 브랜딩이 제대로 되어 있지 않은 상태에서는 브리지 피플의 도움을 받을 수도 없고 궁극적인 인맥 디자인도 불가능하다. 자기 자신에 대한 명확한 브랜딩, 그것이 곧 성공적인 인맥 디자인의 지름길이다.

우리는 우선 기업들의 브랜딩 과정에 대해서 한번 면밀하게 살펴볼 필요가 있다. 그것은 셀프 브랜딩을 객관화시켜보는 작업이며 이를 통해서 자신을 되돌아볼 수 있게 하는 계기가 될 수 있을 것이다.

7전8기의 결실,
네이버 라인

국내 최대의 검색 서비스인 네이버는 15년 이상 글로벌 시장 개척에 분투해왔다. 1999년 설립된 네이버는 국내에서 기반을 제대로 닦기도 전인 2000년, 네이버재팬을 설립하여 글로벌 시장 공략에 나섰다. 그러나 해외 시장의 문턱은 높기만 하여, 불과 5년 만에 네이버재팬의 문을 닫아야 했다. 이후 네이버는 핵심 관리자를 일본에 직접 보내는 등 계속해서 일본 시장을 공략하기 위한 시도를 멈추지 않았다.

2011년, 네이버가 쌓은 노하우의 집결체인 모바일 메신저 '라인(LINE)'이 출시되었고, 일본을 중심으로 아시아 시장에서 빠르게 성장하기 시작했다. 일본에서 처음 서비스를 시작한 지 채 2년도 되지 않아 사용자 수 1억 명을 돌파했다. 대표적인 SNS인 트위터나 페이스북이 1억 명을 달성하는 데에도 각각 4년, 5년이 소요됐음을 생각하면 그야말로 초고속 성장이라 할 만하다.

현재 라인은 전 세계 2억 명 이상이 사용하는 인기 메신저로 자리 잡았다. 태국, 대만, 인도네시아 등 동남아를 포함해 미국, 중남미, 스페인 등 13개 이상의 국가에서 각각 1천만 명이상의 사용자를 확보했다. 특히 일본과 태국에서는 한국의 카카오톡처럼 '국민 메신저'로 통한다.

라인의 성공은 네이버재팬 설립 후 11년간 7전 8기의 정신으로 도전한 결실이라 할 수 있다. 첫 도전이 실패로 돌아간 후에도 포기하지 않고 시장의 특성과 사용자의 니즈를 집요하게 파고든 결과, 드라마틱한 성공을 이룰 수 있었다.

위기 앞에서 철수할 것인가, 아니면 위기를 교훈으로 삼을 것인가의 갈림길에서 네이버는 대범하게 후자를 택했다. 사용자의 눈높이에 맞춘 간편한 기능, 캐릭터 스티커와 이모티콘 등 개성을 표현할 수 있는 다양한 부가 서비스 제공, 간단한 조작으로 이용할 수 있는 쉬운 서비스 지향, 미래 성장의 가능성이 큰 개발도상국 시장의 선점, 데이터를 바탕으로 한 빠른 현지화 전략이 라인이 성공할 수 있었던 주요인이었다.

특히 풍부한 감정 표현이 가능한 캐릭터 스티커와 이모티콘은 사용자들로부터 폭발적인 호응을 얻으며 성장을 견인하는 데 큰 역할을 했다. 또한 경영진 및 직원 대부분을 현지인으로 고용하는 등 철저한 현지화 전략은 글로벌 시장 진출에 강력한 플러스 요인이 되었다.

만약 네이버가 일본 시장에서 실패한 후 목표를 접었더라면, 글로벌 시장에는 명함을 내밀지 못하는 '국내 전용 서비스'로 성장을 멈췄을 것이다. 셀프 브랜딩에서도 마찬가지다. 위기에 봉착했을 때 포기하지 않고 자신의 브랜드를 새롭게 만들 계획을 세워야 한다. 네이버처럼 다시 역전의 기회를 노리지 않는다면 당신의 브랜드는 영원히 사람들에게 각인될 수 없다.

단계적 전략의 승리,
현대 제네시스

현대자동차는 프리미엄 세단 '제네시스'를 별도의 브랜드로 만들어 성공을 거두고 있다. 브랜드 론칭 4개월 만에 현대차 전체 판매량의 10퍼센트에 육박하는 판매 실적을 기록했다. 또한 글로벌 시장에서도 프리미엄 차량 브랜드로서 그 가치를 인정받고 있다. 그간 고급차 시장에는 쉽사리 진입하지 못했던 국내 기업으로서는 괄목할 만한 성장인 셈이다.

제네시스는 각 분야에서 최소 15년 이상 경력의 베테랑 팀이 개발해 내놓은 역작이다. 지난 2004년 '세계 제일의 명차를 만든다'는 슬로건 아래 4년 간 총 5천억 원을 들여 개발했다.

당시 정몽구 회장은 제네시스 개발이 현대자동차의 고급차 시장 진입을 결정지을 수 있는 중요한 기회라고 강조하며 전폭적으로 지원했다고 한다. 수십 차례의 시행착오를 거쳐 세계적 수준의 성능을 갖춘 제네시스가 탄생했고, 이는 기대 이상의 성과로 이어졌다. 2008년 제네시스가 출시된 후 1년이 지나 미국에서 '북미 올해의 차'로 선정되는 쾌거를 올린 것이다. 미국 언론에서도 그간 소형차 브랜드 이미지가 강했던 현대차가 드디어 럭셔리 메이커 반열에 올랐다는 평가를 내렸다.

제네시스가 시장에 진입하던 2008년은 경기 침체로 미국 시장에서 고급차의 수요 감소가 예상되던 시기였다. 이에 현대차는 진입 장벽이 높은 고급차 시장을 노리기보다 불황기에 상대적으로 수요가 늘어나는 준고급차 시장을 겨냥하는 전략을 세웠다. 고급차의 성능을 두루 갖췄으나 합리적인 가격인 제네시스에 대한 호응은 뜨거웠다. 예상대로 미국 내 고소득층은 가격 대비 가치를 중시하는 소비 성향을 보이기 시작했고, 성능과 합리적인 가격을 강조하는 제네시스에 주목했다. 당시 경쟁사의 차량은 전년 대비 판매가 감소한 반면, 제네시스는 같은 기간 오히려 판매량이 늘어나는 성과를 거두었다. 이후 현대차는 다시 4년여의 개발 기간을 거쳐 세계 정상의 명품차와 동일한 성능을 갖춘 2세대 제네시스를 탄생시켰다. 2세대 제네시스는 보강된 성능만큼이나 그 가치를 인정받았다. 소비자들 사이에 대표적인 '럭셔리 차량'으로 인식되기 시작한 것이다. 글로벌 시장을 정확하게 파악한 후 단계적인 전략을 세운 것이 제네시스의 성공 비결이었다.

이처럼 고급 브랜드는 하루아침에 만들어지는 것이 아니다. 개인에게도 고급 브랜드가 있다. 예를 들어 '그가 움직이면 업계가 들썩인다'든가, 또는 '그가 프로젝트를 맡았으면 거의 성공한 것 아니겠냐'는 주변의 평가를 받는다면 '고급 셀프 브랜딩'에 성공한 것이다.

하지만 이러한 브랜드를 구축하는 데는 시간이 필요하다. 자신의 능력을 업그레이드시킬 뿐만 아니라 지속적인 성과를 내고, 유능한 인맥을 다수 확보하고 있으며 언제든 주변 사람들과 친근하게 지낼 수 있어야 훌륭한 1인 브랜드로 평가받을 수 있는 것이다. 모두가 소유하고 싶고 그것을 소유하는 것만으로도 행복을 느끼게 하는 1인 브랜드. 제네시스의 경우처럼 이러한 고급 브랜드로 나아가기 위해서는 먼저 작은 이미지 변화부터 꾀하는 단계적인 전략이 필요하다.

남다른 노하우의 축적,
컴투스의 해외시장 개척

지난 1998년 창립된 게임 기업 컴투스는 글로벌 인기 게임인 '서머너즈 워'를 중심으로 '낚시의 신', '골프 스타' 등을 잇따라 히트시키며 세계적인 모바일 게임 기업으로 자리잡았다. 지난 해 기록한 연간 매출 4,330억 원 중 80퍼센트 이상인 3,600억 원을 해외에서 올렸으며, 창사 이래 최초로 해외 매출 1,000억 원을 돌파해 명실상부한 글로벌 기업의 입지를 다지게 되었다. 이러한 성과는 컴투스의 대표 게임인 '서머너즈 워', '낚시의 신' 등이 제작 초기 단계부터 해외 진출을 고려해 기획되었기 때문이다.

특히 '서머너즈 워'의 주목할 만한 흥행은, 글로벌 시장에 먼저 선보였던 '낚시의 신', '골프 스타' 등이 고품질의 3D 그래픽과 누구에게나 친숙한 소재를 바탕으로 해외 이용자의 만족도를 충족시키며 서비스 기반을 다져놓은 데 기인한다. 다년간 이들 게임을 서비스하며 확보한 전세계 이용자들의 네트워크 및 국가별 환경 분석, 프로모션 전략 등의 노하우가 더해져 시너지를 발휘한 것이다.

사실 컴투스는 2000년대 초반부터 해외 지사를 설립해 글로벌 시장 진출을 위해 꾸준히 노력해왔다. 게임 기획 및 개발 단계에서부터 글로벌 시장을 목표로 콘텐츠를 생산하고, 각국의 시장을 분석한 데이터를 바탕으로 게임 운영, 국가별 언어 대응, 마케팅, 고객 서비스 등을 철저히 점검했다. 또한 자체적인 게임 서비스 시스템을 기반으로 해외 사용자 네트워크를 지속적으로 관리해왔다. 뿐만 아니라 현지 업체와 협력한 브랜드 캠페인, 홍보 영상의 현지 제작, 현지 문화를 반영한 다양한 콘셉트의 TV 광고 등 국가별 맞춤형 마케팅은 오늘날의 컴투스를 만든 일등공신이라 할 수 있다.

셀프 브랜딩에 있어서도 이처럼 체계적인 전략이 선행되어야 한다. 나는 어떤 강점을 갖고 있는지, 남에게 어떻게 보여지길 원하는지 면밀히 분석한 후 시간을 들여 브랜드를 구축해가야 할 것이다. 처음에는 시행착오를 겪을 수도 있지만, 시간이 갈수록 자신을 브랜드화하는 노하우가 축적되어 원하는 결과를 거둘 수 있을 것이다.

잊혀지지 않기 위한 노력,
셀프 브랜딩

위에서 살펴본 세 가지 사례는 국내 기업들의 브랜드 전략에서 극히 일부분에 불과하다. 하지만 기업에서 브랜드 가치와 역할에 대해서는 충분히 이해할 수 있는 사례들이다. 시간이 흐를수록 브랜드는 하나의 거대한 힘이 되고 있다. 브랜드만으로 사람들의 동의를 이끌어내고 신뢰를 얻어낼 수 있다는 것 자체가 이미 성공에 상당히 근접해 있기 때문이다.

회사명 또는 제품명이 브랜드가 되기도 하지만 역시 개인의 이름 그 자체가 브랜드가 되는 경우도 있다. 아마도 우리나라 최초의 개인 브랜드라면 '이명래 고약'을 들 수 있을 것이다. 요즘의 젊은 세대들에게는 매우 생소하게 들리겠지만 30대 중반 이후의 사람들에게는 매우 익숙한 이름임에 틀림없다. 여기에 '성신제 피자', '김찬월 가모', '정철 어학원', '이강순 실비집' 등도 모두 개인의 이름을 브랜드화한 것이다. 자신의 이름 자체를 비즈니스와 연계시켜 하나의 신뢰성 있는 브랜드로 정착시킨 것이다.

셀프 브랜딩도 마찬가지다. 비록 나라는 사람이 상품 소비자들을 대상으로 하나의 브랜드를 형성하는 것은 아니지만 자신의 이름 자체가 하나의 구체적인 이미지로 브랜드화된다면 자기 주변의 커뮤니티 내에서 높은 신뢰성은 물론이고 궁극적으로 비즈니스로의 연계 가능성도 상당히 높아지게 마련이다.

현대 사회에서의 브랜드는 '모든 것'이라고 말해도 과언이 아니다. 어떻게 하면 효과적으로 쓸데없는 정보를 버릴 것인가가 화두가 되는 세상이라고 해도 과언이 아니다. 사람도 마찬가지다. 쌓여만 가는 명함에 늘어만 가는 핸드폰의 연락처들. 과잉의 시대에 무언가 상대의 머릿속에 확고하게 각인되는 것이 없으면 금세 잊혀져버리고 만다.

잊혀지지 않기 위한 노력, 독특하면서도 신뢰성 있는 캐

릭터를 확보하기 위한 노력이 바로 셀프 브랜딩의 궁극적인
정의다.

자신의 브랜드를
찾아내는 법

모든 인맥에 있어서 '디자인'의 개념이 타인에게 자신을 어필하는 방법, 타인들과 자신을 조화시키는 방법이라고 한다면 '셀프 브랜딩'의 개념은 자신의 실력과 내용을 내실 있게 다지고 타인에게 '어떻게 보이게 할 것인가'를 결정하는 일이다.

마케팅적인 의미에서의 브랜딩이란 한 회사의 브랜드를 어떻게 가꾸어갈 것인가에 대한 문제다. 어떤 의미에서 본다면 이 역시 하나의 '포장술'이라고 생각할지 모르겠지만 단지 포장술에만 머무는 것은 아니다. 예를 들어 '삼성'이라는 브랜드를 들었을 때 우리는 매우 익숙할 뿐만 아니라 '첨단 기술'

을 연상하게 되고, 더불어 '엘리트 직원들이 근무하는 곳', '한국 경제를 이끌어가는 기업', '복지가 좋은 기업', '글로벌 기업' 등을 연상하게 된다.

하지만 이러한 연상들이 단지 '포장술'에 불과한가? 절대 그렇지 않다. 실제로 삼성 그룹에서는 엘리트 직원들이 첨단 기술을 만들어내고 이를 통해 한국 경제를 이끌어가고 있다. 글로벌 기업으로서의 위상도 탄탄하다. 한 기업의 브랜딩은 단지 브랜드에 대한 포장술을 넘어서 '실질적인 강점을 어떻게 매력적으로 만드는가'라고 생각하는 것이 맞다.

인맥에 있어서도 마찬가지다. 자신이 가지고 있는 여러 가지 성격과 장점, 그리고 능력을 자신이 인맥을 맺고자 하는 사람에게 잘 보여주고 그 사람으로부터 '매력 있는 사람'으로 인정받는 것이 관건이다. 이는 마치 한 상품이 소비자의 니즈(Needs)를 자극하고 소비를 할 수 있도록 만드는 것과 동일한 프로세스라고 할 수 있다. 이를 표를 통해서 알아보자.

자신의 능력·성격·장점·매력적인 스타일 파악

↓

정확한 브랜드의 확립

↓

타인과 조화되는 인맥 방법론의 사용

(Don't & Just법칙, 239쪽)

↓

원하는 대상과의 친밀한 교제

그렇다면 이제 중요한 것은 셀프 브랜드를 어떻게 찾아내느냐 하는 것이다. 이는 몇 가지 질문을 스스로에게 해보고 이것을 종이에 적어 가다 보면 자연스럽게 산출될 수 있을 뿐만 아니라 그 브랜드를 위해서 자신이 어떤 노력을 해야 할지, 그리고 어느 정도의 시기가 지나면 자신만의 브랜드를 성취할 수 있는지 알아낼 수 있다. 이러한 사고와 질문의 과정에서 절실히 필요한 것은 바로 내면의 소리를 거짓 없이 들어야 한다는 점이다. 부모와 가족들의 기대에 부응하기 위해, 또는 동년배 친구와 경쟁자들을 물리치기 위해 과도한 욕심을 부려서는 안 된다는 이야기다.

나는 무엇을 원하는가？

　　　　　셀프 브랜딩에서 가장 중요한 것은 바로 '나는 무엇을 원하는가?'이다. 의외로 많은 사람들이 자신이 뭘 원하는지 자각하지 못하고 있는 경우가 많다. 그저 주어진 환경 속에서 주어진 것을 해나가는 것에만 몰두한 나머지 진정으로 자신을 돌아볼 기회조차 가지지 못한 사람들이 태반이라는 이야기다.

　직장인들의 경우 특히 이러한 경우가 많다. 매일 매일 업무와 회식, 그리고 대형 프로젝트에 매달리다 보면 현재 자신이 어느 지점까지 와 있는지, 그리고 앞으로 어디로 나아갈지 도통 생각할 여유가 없는 것이다. 대학생이나 사회 초년생들은 더하다. 이제 서서히 인맥을 쌓아가야 할 대학 시절이지만 취업 준비에 마음이 급한 나머지 '일단 어느 회사든 들어가자'는 마음이 앞서 진정으로 자신이 원하는 것을 추구하기 힘들기 때문이다.

　그러나 장기적인 성공과 그 성공을 도와줄 수 있는 인맥을 원하는 사람들이라면 반드시 자신이 무엇을 원하는지, 그리고 앞으로 어떤 사람이 되고 싶은지를 결정짓고 넘어가야 한다.

어떻게 보면 '인생의 목적'과 '인맥'이라는 것이 서로 동떨어져 있는 것이라고 생각하는 사람들이 있을지도 모르겠다. 인맥이라는 것은 그저 사회생활을 하면서 알게 되는 사람들이기 때문에 굳이 자신이 원하는 만남을 구체적으로 정해야 하는지에 대해서 묻는 사람도 있다. 하지만 자신의 목표가 구체적이지도 명확하지도 않은 상태에서는 셀프 브랜딩이 완성되지 못한다.

타인에게 도움을 원할 때는 언제나 '무엇을 어떻게 도와달라'고 하는 구체적인 가이드 라인을 제시해주어야 한다. 그저 막연히 '삶이 고달프니 좀 도와달라'고 말하는 것보다는 '취직에 관한 남보다 앞선 정보를 달라', 또는 '내가 달성하고 싶은 구체적인 단계에 이를 수 있도록 관련 분야의 사람을 소개시켜 달라'고 말해야 한다. 이렇게 해야만 도움을 주고자 하는 사람도 자신의 영역 안에서 과연 그를 도울 수 있는지 없는지를 판단하게 되고 도울 수 있는 한도에서 최선을 다할 수 있기 때문이다. 셀프 브랜딩은 자기가 원하는 것이 무엇인지를 확정하고 출발해야 한다.

나는 어떻게 보여지길 원하는가?

두 번째로 중요한 것은 자신이 타인에게 어떻게 보여지길 원하는가이다. 가식적인 인격을 논하는 것이 아니다. 자신이 궁극적으로 성공을 하기 위한 미래의 투영이자 자신의 미래상에 대한 구체적인 상상이다. 또한 자신의 성향에 맞는 이미지를 가꾸어가려는 노력의 시작이다.

제품은 나름대로 소비자들에게 '특정한 이미지'로 각인되어 있으며 그러한 이미지로 인해서 상품성을 획득한다. 사람과 사람 사이에서도 이는 마찬가지의 개념이다. 어떻게 자신의 매력을 가꿀 것인지, 그리고 그것이 미래의 사람들에게 어떤 모습을 보여질 것인지를 상상하는 것은 셀프 브랜딩을 위한 매우 중요한 단계다.

그렇다면 내가 남들에게 어떻게 보여지고 있는가도 반드시 알고 넘어가야 한다. 그래야만 현재의 모습과 미래의 모습 사이의 간극과 오차를 줄여나갈 수 있으며 이를 통해 궁극적으로 통합된 셀프 브랜딩을 완성할 수 있기 때문이다.

자신이 어떻게 보여지고 있는가를 알기 위해서는 자신과 친한 친구의 이야기는 물론이고 객관적으로 자신을 봐줄 수 있는 상대가 필요하다. 부모는 자식을 보고 '세상에서 제일 예쁘다'고 말해준다. 이처럼 자신과 친한 사람은 자신에 대해서 긍정적인 이미지만을 가지고 있기 때문에 그 말만 들어서는 곤란하다. 친하지 않거나, 또는 심리적으로 서로 경쟁 관계에 있는 사람들의 말이 때로는 더 유용할 때가 있다. 그들은 보다 객관적인 위치에서 당신을 평가해줄 수 있기 때문이다. 비록 그들의 평가가 실제 당신이 생각했던 모습보다 좀 더 악의적이거나 가혹할 수도 있다. 하지만 그 말들이 듣기 싫어 그들의 말을 참고하지 않는다면 달콤한 사탕만 먹겠다는 것과 진배가 없다. 비록 입에는 쓰지만 몸에는 좋은 약을 먹어야 진정으로 건강한 육체가 유지될 수 있기 때문이다.

'내가 어떻게 보여지고 있는가'라는 질문을 던지며 각각 장단과 단점, 그리고 남들이 지니지 못한 매력까지 파악하는 것이 중요하다. 특히 매력에 관해서는 좀더 면밀하게 파악할 필요가 있다. 사람들에게는 자신도 잘 모르는 매력이 있게 마련이다. 이 매력은 셀프 브랜딩에 있어서 긍정적인 요소로 작용한다. 자신만의 매력을 더욱 발전시키고 이를 통해 타인에게 어필할 수 있을 때 진정한 강점을 가질 수 있기 때문이다.

내가 할 수 있는 것과 할 수 없는 것은 무엇인가?

자신에 대해서 마지막으로 파악해야 할 것은 자신이 할 수 있는 것과 할 수 없는 것을 정확하게 파악하는 일이다. 자신의 미래상에 대한 지나친 기대로 목표를 높게 잡는 것은 진정한 셀프 브랜딩을 하는 데 방해가 될 뿐이다. 오히려 주변 사람들에게 '허황된 사람'이라는 이미지를 줄수도 있다. 따라서 자신의 현재 위치, 그리고 현실적인 노력과 이를 기반으로 달성할 수 있는 합리적인 목표를 정하고 자신이 할 수 없는 것은 과감하게 버리는 용기도 필요하다.

| 셀프 브랜딩을 위한 질문 프로세스 |

나는 무엇을 원하는가?

(자신이 좋아하는 것, 이루고자 하는 것에 대한 성찰)

⬇

나는 어떻게 보여지길 원하는가?

(자신의 미래상에 대한 구체적인 상상)

⬇

나는 어떻게 보여지고 있는가?

(현재와 미래의 간극을 줄이는 반성)

내가 할 수 있는 것과 할 수 없는 것은 무엇인가?

(현실적인 성취를 위한 용기)

셀프 브랜딩

그렇다면 이제 셀프 브랜딩이 현실적으로 어떠한 힘을 가지고 있는지 보다 구체적으로 살펴보도록 하자. 우리 사회의 성공한 인물들이 어떻게 자신을 브랜드화하고 있는지 확인해 보는 과정에서 자신을 위한 최적의 셀프 브랜딩 프로세스를 발견할 수 있을 것이다.

아이디어 닥터,
이장우 박사

이장우 박사는 국내 최초의 퍼스널 브랜드 '아이디어 닥터 (Idea Doctor)'로 널리 알려진 브랜드 전문가다. 경영학, 공연 예술학 등 두 개의 박사학위를 보유하고 디자인학 박사과정 도 밟았다. 글로벌 기업 3M에서 수세미 영업사원으로 사회생 활을 시작하여 39세에 3M에서 독립한 데이터 저장 장치 전문 업체 이메이션코리아 CEO로 발탁되었다.

은퇴 후 1인 기업인 이장우 브랜드 마케팅 그룹을 창업하 고 현재 '아이디어 닥터'라는 이름으로 여러 기업과 정부기관 및 개인들의 브랜드 컨설팅을 도맡고 있다. 10여 년 전 외환위기의 폭풍 속에 놓인 이메이션코리아를 혁신적인 '독서 경영'으로 살려낸 훌륭한 기업인이기도 한 그는 한국 최고의 명강사이기도 하다. 28년간 브랜드 마케팅, SNS 전략, 디자인 경영, 비자트(Bizart, 비즈니스와 아트의 결합), 자기계발을 넘나드는 수많은 강의를 통해 시대의 흐름을 꿰뚫는 통찰력과 탁월한 비즈니스 감각을 보여주고 있다.

이장우 박사와는 성균관대학교에서 박사학위를 밟던 시절 같은 방 동문이었다. 그는 나이를 가늠하기 어려운 동안의 외모만큼이나 호기심과 활기로 가득 찬 '만년 청춘'이었다. 항상 다른 사람의 의견에 귀를 열어두고, 새로운 경험을 즐기며 어떤 상황에서도 배움을 멈추지 않는 자세는 매사 심드렁한 그 또래의 중년층과는 확연히 달랐다. 그에게는 의욕 넘치는 청년의 면모만 있는 것이 아니었다. 만면에 띤 부드러운 웃음, 편안한 어조, 경험에서 우러난 지혜를 아낌없이 나누는 모습은 믿고 따를 수 있는 '멘토'처럼 언제나 듬직했다. 당시 그에게 받은 인상처럼, 현재 그는 SNS를 통해 30만 명 이상의 젊은 친구들과 활발히 소통하며 멘토의 역할을 다하고 있다.

그의 화려한 이력만 본다면 여느 자수성가한 기업인의 성공 스토리와 다를 바가 없다. 그러나 그가 직접 털어놓은 인생

이야기를 들으면 수많은 위기와 갈등이 오늘날의 1인 브랜드 이장우 박사를 만들었구나, 하고 경탄하게 된다.

1982년 3M이라는 글로벌 기업에서 사회생활의 첫 걸음을 뗀 그는 시장에 수세미를 들고 다니며 거래처를 확보해야 하는 영업사원이었다. 그는 당시 맨땅에 헤딩하듯 전혀 모르는 사람들에게 수세미를 팔며 무엇과도 바꿀 수 없는 살아 있는 지식을 갖게 되었다고 말한다. 인지도 낮은 회사, 열악한 근무 환경 속에서 해결책을 고민하는 동안 끊임없이 새로운 아이디어를 내는 습관이 생긴 것이다.

어떻게 하면 시골 장터의 냉소적인 소비자들에게 친근하게 다가설 수 있을까, 경쟁사보다 6배나 비싼 제품을 사도록 설득하려면 어떤 말부터 꺼내야 할까. 고민 끝에 그는 자신만의 강점을 발견해냈다. 그것은 바로 세일즈맨의 '스토리'였다.

그는 발이 부르트도록 현장을 돌아다닌 후, 소비자가 제품을 살 때 제품의 종류는 크게 문제가 되지 않는다는 사실을 깨달았다. 소비자는 단순히 수세미만 구입하는 것이 아니라 세일즈맨의 스토리도 함께 구입한다는 것이다. 즉 수세미를 들고 온 그를 통해 3M이라는 회사와 제품에 대한 새로운 이미지가 만들어지는 것이었다. 그는 매일같이 사무실이 아닌 거래처로 출퇴근하며 소비자들에게 친근한 인상을 남겨줄 수 있도록 노력했다. 수시로 만나 이야기를 나누는 사이 구매 의사를 조금이라도 포착하면 바로 세일즈로 연결시키기 위해 최선을 다했다. 국내 최초의 1인 브랜드 '아이디어 닥터'는 바로 이때의 경험을 밑거름으로 탄생할 수 있었다. 처음부터 책상에 앉아 마케팅 업무를 했다면 결코 알 수 없었을 현장 체험이 그를 성공으로 이끌어준 일등공신이었다.

이장우 박사는 월 평균 20~30군데의 거래처를 확보하는 발군의 실적을 바탕으로 입사 후 10년 차인 1996년, 3M에서 분사된 이메이션코리아의 초대 CEO로 발탁되었다. 불과 39세의 나이로 글로벌 기업의 수장이 된 것이다. 그러나 곧 찾아온 외환위기로 환율이 급등하면서 크나큰 위기에 처하고 말았다. 그는 직원들을 하나둘 떠나보내던 당시를 회고하며 "모든 걸 내려놓고 떠나고 싶었다."고 술회했다. 헌 구두를 몇 켤레씩 내다버리며 오른 자리에서 인생 최대의 암초를 만난 것이다.

돌파구를 찾기 위해 그가 제일 먼저 달려간 곳은 서점이었다. 책을 통한 간접 경험 또한 소중히 여기는 그로서는 전혀 엉뚱한 일이 아니었다. CEO에 취임하고 나서 그가 가장 먼저 추진한 일도 '독서 경영'이었다. 직원들이 마음껏 책을 볼 수 있도록 도서 구입비를 무한대로 지원해주었다. 술은 회사 돈으로 마시면서 책은 자기 돈으로 사서 보는 건 말이 안 된다는 게 그의 지론이었다. 그는 직원들에게 스스로를 교육하는 데 가장 좋은 방법은 독서다, 교육을 통해 자신의 경쟁력을 키워라, 월급쟁이에게 교육은 자신을 강하게 만드는 가장 효과적인 방법이라고 누차 역설했다. 그 자신 역시 서재에 몇천 권의 책을 둘 만큼 소문난 독서광이다.

책이야말로 창의력과 아이디어의 원천이라는 그의 믿음은 위기 상황에서 더욱 빛을 발했다. 이장우 박사는 책을 통해 사업을 재점검하는 시간을 가질 수 있었다. 책장을 넘기는 동안 초조했던 마음이 가라앉고 해결책에 대한 아이디어가 떠오르기 시작했다. 어떤 책도 정답을 제시해주진 않았지만 상황을 멀리서 바라보고 위기를 극복할 수 있는 혜안을 주었다. 직원들 역시 그의 조언대로 책 속에서 '위기를 기회로 바꾸는 방법'을 찾아내려 노력했다. CEO와 직원들이 합심하여 책을 읽고 해결책을 모색한 결과, 이메이션코리아는 2년 만에 외환위기가 준 타격에서 벗어나 흑자를 기록할 수 있었다. 아시아·태평양 지역 내 이메이션 법인 중 가장 높은 성장률을 달성하기도 했다.

영업사원으로 현장에 직접 부딪치고, 책을 통한 간접 경험을 충분히 쌓은 데다 기업을 경영하며 전략적 사고를 습득한 그에게는 자신만의 '스토리'와 '아이디어'라는 든든한 강점이 생겼다. 이는 글로벌 기업의 CEO라는 명함보다 훨씬 값진 재산이었다. 30여 년의 조직 생활을 뒤로 하고 1인 기업이라는 낯선 세계로 뛰어들 수 있었던 것도 이 무형의 재산 덕분이었다. 그는 이 '스토리'와 '아이디어'를 바탕으로 국내외 유수의 기업에 브랜드마케팅, 소셜 네트워크 전략, 글로벌 전략 등을 코칭하며 수익을 창출하는 컨설턴트가 되었다. 평생직장이 사라진 시대, 조직의 이름에 기대지 않고 스스로의 힘만으로 우뚝 설 수 있게 된 것이다.

개인보다 집단을 우선하는 회사에서 그가 자신만의 스토리를 만들어내고, 스스로를 브랜드화할 수 있었던 것은 배움을 게을리하지 않았기 때문이었다. 배움에 대한 열정이 그의 인생을 하나의 스토리로 만들어주었고, 풍부한 지식과 경험을 쌓아 독자적인 아이디어로 승부할 수 있게 해주었다. 일 년에 몇백 권씩 책을 읽는 열정이 없었다면 초고속 승진도, '독서 경영'으로 글로벌 기업을 살린 드라마틱한 스토리도, '아이디어 닥터'의 원천이 되는 지식도 얻기 힘들었을 것이다.

끊임없는 배움을 통해 스스로를 가치 있는 존재로 만들고, 누구도 흉내낼 수 없는 스토리의 주인공으로 만든 이장우 박사. 그는 지금도 자가용을 타지 않고 대중교통을 이용하여 스스로를 새로운 경험에 계속 노출시킨다고 한다. 뿐만 아니라 커피, 맥주, 디저트, 소셜 네트워크 등 새로운 콘텐츠를 끊임없이 연구하며 젊은 감각을 갈고 닦는다. 자기 자신이 하나의 브랜드인 만큼 결코 진부해져서는 안 되기 때문이다. 배움, 경험, 열정으로 요약될 수 있는 그의 인생 자체가 1인 기업과 셀프 브랜딩이 지향해야 할 모범 사례라 할 만하다.

올해 62세, 보통 사람이라면 정년퇴임할 나이에 그는 탄탄한 셀프 브랜드를 기반으로 기존의 연봉만큼 벌고 있다. 미국의 6개 도시를 순회하며 커피를 배우고 수시로 여행을 떠날 수 있는 경제적 여유도 셀프 브랜드 덕분이다. 주위의 눈치로 선택했던 직업을 마무리해야 하는 시점이 오기 전에, 이장우 박사처럼 셀프 브랜딩에 전념해보는 것이 어떨까. 10년이면 전문가가 될 수 있다는 '1만 시간의 법칙'에 따르자면, 당신이 60세가 되고 80세가 되었을 때는 그 분야 최고의 전문가, 최고의 셀프 브랜드가 되어 있을 것이다.

태도로 완성된 브랜드, 김연아

'피겨 여제'. 전 국가대표 피겨 스케이팅 선수 김연아를 달리 설명할 필요가 있을까. 14살에 최연소 국가대표로 발탁되어 2010년 밴쿠버 동계올림픽에서 세계 신기록을 세우고 4대 국제 대회의 그랜드 슬램을 사상 최초로 달성한 전무후무한 피겨 스타. 피겨 불모지라는 작은 나라에서 열악한 환경을 딛고 불굴의 의지와 천부적인 재능만으로 월드 챔피언이 된 살아있는 전설. '김연아'라는 이름은 그녀의 드라마틱한 성공 신화와 더불어 국내 어떤 기업, 어떤 브랜드와 견주어도 손색이 없을 만큼 막강한 브랜드 파워를 가지게 되었다.

은퇴 후에도 국내 스포츠 선수 가운데 소비자들이 가장 먼저 떠올리는 인물로는 언제나 김연아가 꼽힌다. 자동차부터 화장품, 가전제품에 이르기까지, 그녀가 광고하는 제품은 늘 소비자들에게 강한 위력을 발휘한다. 심지어 공식 모델이 아닌 제품도 김연아가 들고 나오면 바로 판매량이 급증할 정도다. 그녀의 이름 석 자는 대중에게 있어 절대적인 호감의 대명사다.

한국인이라면 모르는 사람이 없는 강력한 퍼스널 브랜드인 그녀를 가까이서 마주할 기회가 있었다. 2013년 5월 열린 빙상 국가대표 선수단 워크숍에서였다. 김연아, 모태범, 이상화 선수를 비롯해 국민적 사랑을 받는 동계 스포츠 주 종목 대표 선수들의 각오를 다지고 준비하는 프로그램으로, 각 분야의 전문가를 초빙해 다양한 강의를 마련한 자리였다. 국가대표 선수들의 브랜드 가치와 국가 브랜드 이미지를 높이고자 'I am a Brand'라는 주제의 퍼스널 브랜드 강의로 함께했다.

당시 김연아 선수는 소치 동계올림픽 출전을 앞두고 고된 훈련에 돌입한 상태였다. 바쁜 훈련 중 짬을 내어 워크숍에 참여하는 일이 쉽지 않았을 텐데도 그녀는 제일 먼저 출석해 자리에 앉아 있는 모범적인 태도를 보여주었다. 두 시간 가까이 이어지는 특강에 단 한 순간도 졸지 않고 집중하는 모습에 실로 감탄이 나왔다. 졸기는커녕 반짝반짝 눈을 빛내며 주의 깊게 경청하였고, 무엇을 시켜도 솔선수범하여 적극적인 자세로 임했다. 어린 나이에 큰 성공을 거둔 스타답지 않게 겸손하고 수수한 모습은 여느 학교의 학생과 다를 바가 없었다. 주어진 과제를 빈틈없이 해내며 주변 동료들까지 챙기는 태도는 빙상에서 보여준 화려한 실력 못지않게 세계 정상급 선수다웠다. 취재 나온 공중파 방송국 기자가 그녀를 지목하며 "초등학생이 가장 존경하는 인물 중 1위가 김연아 선수"라고 칭찬하자 쑥스럽다는 듯 고개를 푹 숙이고 웃는 모습은 소탈하기 그지없었다.

짧은 시간의 만남이었지만 적극성, 성실성, 리더십, 겸손함에 나이답지 않은 어른스러움까지, 김연아 선수는 18년간 강의 현장에서 만난 청중 가운데 드물게 감동적인 사람이었다. 과연 일류일 수밖에 없구나, 언론에 비춰진 모습보다 더 훌륭한 사람이구나, 수업이 끝날 때까지 문자 그대로 '혀를 내두르며' 감탄했다. 그녀를 만난 사람들이 일관된 찬사만 거듭한 것에는 이유가 있는 법이었다. 나 역시 그 날 이후로 김연아 선수에 대해 묘사할 때면 '모범 중의 모범, 롤모델 중의 롤

모델'이라는 칭찬으로 입을 열게 되었으니.

그녀가 지금처럼 강력한 퍼스널 브랜드를 가질 수 있었던 가장 큰 이유는 물론 대중적 관심이 큰 스포츠 종목에서 메달을 석권할 수 있는 실력을 갖췄기 때문이다. 그러나 대중이 그녀에게 갖는 호감은 실력 때문만은 아니다. 김연아라는 개인이 주는 매력이 그녀의 화려한 타이틀에 상응하여 시너지 효과를 불러일으킨 것이다. 그녀의 성공 스토리에 뒤따르는 키워드인 철저한 자기관리, 성실함, 인내, 강한 의지는 누구에게나 인간적인 호감을 불러일으키는 마법의 단어다. 또한 이 키워드는 그녀가 '독한 사람'이었기에 따라올 수 있는 단어들이다. '독함'은 김연아라는 브랜드를 규정하는 핵심적인 요소라 할 수 있다.

김연아는 초등학교 때부터 어른도 감당하기 벅찬 일과를 보내야 했다. 아침 8시부터 스트레칭과 러닝으로 시작해 낮훈련을 받고, 오후 체력 훈련 후 밤 10시부터 실내 링크장에서 새벽 1시까지 마무리 훈련을 받았다. 하루 스물네 시간 중 1분 1초도 헛되이 흘려보내지 않고 기계처럼 훈련을 반복했다. 그녀 스스로도 자신이 스케이팅하는 '로봇'인가 싶을 만큼 고된 나날의 반복이었다고 한다. 보통의 아이들처럼 공부하고, 쉬고, 놀고, 친구들과 수다를 떠는 생활은 꿈같은 얘기였다. 고등학교에 진학한 뒤로는 학교에 가는 날이 일 년에 고작 열흘도 안 될 정도였다고 한다. 그녀는 어떻게 이런 생활을 견딜 수 있었던 것일까? 그녀가 품은 독기는 어쩌면 타고난 것이 아닐까?

인간의 한계를 초월한 것처럼 놀라운 테크닉과 체력을 보여주는 그녀에게도, 사실은 모든 것을 포기하고 싶을 만큼 힘든 순간이 있었다. 질풍노도의 사춘기 시절, 날마다 똑같은 일상이 너무 지겹고 힘들어 미쳐버리는 건 아닌가 싶었다고 한다. 훈련, 또 훈련, 유일한 휴식은 잠자는 시간뿐이었다. 완벽하게 짜여 벗어날 수 없는 틀에 갇혀 사는 것 같은 기분이 계속되던 와중, 엎친 데 덮친 격으로 발목 인대가 늘어났다. 아픈 발목 때문에 넘어지고 멍들어 온 몸이 성한 데가 없었다고 한다. 결국 전국체전을 마지막으로 피겨를 그만두기로 결심하게 되었다. 그러나 마지막이라고 생각한 전국체전에서 믿을 수 없을 만큼 완벽한 점프를 뛰며 1위를 차지하곤 다시 스케이트화의 끈을 고쳐 묶었다.

이후에도 그녀는 선수 시절 내내 고질적인 부상에 시달렸다. 뿐만 아니라 전용 링크도 없는 척박한 국내 환경, 개인이

엄청난 훈련비를 다 떠안아야 하는 현실과도 싸워야 했다. 일본의 라이벌 선수와 비교하는 언론 보도도 그녀에겐 스트레스가 되었을 것이다. 빙판에 설 때마다 찾아오는 통증은 감당하기 힘든 수준이었다. 그녀는 자서전에서, 당시 점프를 하면 착지할 때의 충격 때문에 망치로 때리는 것 같은 통증이 느껴졌다고 술회한다. 매일 오늘은 얼마나 아플까, 나아지기는 하는 걸까 눈 뜨기 두려울 정도로 괴로운 나날이었다고 한다.

신체적 고통과 더불어 나날이 높아져 가는 국민들의 기대도 그녀에게는 큰 부담이었다. 시합 전 예민한 상태로 웜업을 할 때도 관중들은 그녀를 편하게 놔두지 않았다. 김연아의 동작 하나 하나에 소리를 지르거나 이름을 부르는 관중의 태도는 한껏 뜨거워진 기대를 고스란히 반영하고 있었다.

그녀는 모두가 자신에게 금메달을, 일등을, 라이벌 선수를 통쾌하게 이겨주길 기대하는 상황이 원망스럽고 섭섭했다고 한다. 성적이 나빠지면 국민들뿐 아니라 주변 사람들마저 자신을 외면하지 않을까 두려울 정도였다. 빙판 위에서 첫 포즈로 음악을 기다릴 때면 세상에 혼자만 남은 것처럼 외로웠다고 말한다.

하지만 그 모든 고난에 맞서 오늘날의 그녀가 될 수 있었던 것은 나날이 강해져가는 '독함' 덕분이었다. 압박감이 심해질 때마다 그녀는 더 치열하게 훈련에 몰두했다. 좌우명인 'No Pain, No Gain(고통 없이는 아무것도 얻을 수 없다)'을 떠올리며 몇 번이고 다시 일어섰다. 근육이 터져버릴 것 같은 한계가 찾아오면 '이 정도면 됐어', '다음에 하자'는 속삭임이 들렸고, 이런 유혹에 다 포기해버리고 싶을 때도 있었다. 하지만 그녀는 그때 포기했으면 안 한 것과 다를 바가 없었을 거라고 단언한다. 99도까지 열심히 온도를 올려놓아도 마지막 1도를 넘기지 못하면 영원히 물이 끓지 않는 것처럼. 물을 끓이는 건 마지막 1도, 포기하고 싶은 바로 그 1분을 참아내는 것이라고 힘주어 말한다. 이 순간을 넘어야 그 다음 문이 열리고, 그래야 자신이 원하는 세상으로 갈 수 있다는 철학이 그녀가 가진 '독함'의 비결이었다.

'김연아'라는 탁월한 브랜드는 그녀가 딴 무수한 메달보다 역경에 직면하는 그녀의 태도를 통해 비로소 완성되었다고 할 수 있다. '나를 죽이지 못하는 시련은 나를 더욱 강하게 만들 뿐이다'라는 니체의 경구를 떠올리게 하는 김연아의 '독함'이 대중의 가슴을 뜨겁게 달구는 것이다. 십대의 어린 나이에 이미 '마지막 1도의 한계'를 넘어섰던 그녀의 철저한 자기 관리는 결국 빼어난 성공 스토리를 만들어냈고, 차별화된 셀프 브랜딩의 초석이 되었다. 그녀만큼은 아니더라도, 자신의 가치만으로 승부하는 셀프 브랜딩의 세계에서 어느 정도의 '독함'이 없이는 결코 성공할 수 없다. 나는 그녀의 독함을 진정으로 존경한다.

개그계 전설들,
유재석과 이경규

셀프 브랜드 구축에 가장 큰 영향을 끼치는 요소 중 하나는 '소통'이다. 소통의 역량으로 개인의 평판, 브랜드의 가치가 달라진다 해도 과언이 아니다. 소통은 상대방을 인식하고, 이해하고, 존중하는 마음과 태도에서부터 시작되며, 서로의 생각이 잘 통하기 위해서는 언어는 물론, 몸짓, 자세, 표정, 억양 등 비언어적 요소들까지 고려해야 한다.

이러한 소통의 미학을 잘 보여주고 있는 사례를 찾기 위해서는 멀리 갈 필요가 없다. TV 프로그램, 특히 예능 프로그램을 주도하는 연예인의 소통 방식은 전문가가 보기에도 실로 놀라울 때가 많다. 특히 유재석, 이경규처럼 오랜 시간 시청자를 즐겁게 해준 연예인은 그 인기만큼이나 탁월한 소통 능력을 갖추고 있다. 이들의 매너와 이미지 관리 노하우는 셀프 브랜딩에 있어 참고할 가치가 충분하다.

'국민 예능'으로 불리는 '무한도전'의 간판스타 유재석의 소통 방식은 '배려'라는 키워드로 요약할 수 있다. 내로라하는 연예인들이 고정 패널로 출연하는 '무한도전'에서 그가 1인자 캐릭터를 형성할 수 있었던 비결은 언제 어디서건 배려를 잊지 않는 태도에 있다. '무한도전'은 여러 출연자를 예기치 못한 상황에 떨어뜨려놓고 좌충우돌하는 데서 재미를 찾는 콘셉트다. 예고 없이 무인도에 갇히기도 하고, 포상 휴가인 줄 알았다가 오지로 아르바이트를 떠나고, 때로는 불미스러운 사태로 대국민 사과를 해야 하는 상황도 있었다. 그러나 유재석은 어떤 상황에서도 감정을 앞세우기보다 이성적인 판단력을 보여줬고, 팀원들과 잘 어울리며 친화력 있는 모습으로 일관했다. 자기관리를 놓치지 않으면서 남들을 배려하는 이상적인 리더의 자세를 보여준 것이다. '무한도전'뿐 아니라 타 방송 프로그램에서도 그는 항상 상대를 배려하는 태도를 잊지 않는다.

비언어적 소통에 탁월한 유재석

유재석을 보고 있으면 판소리 무대에서 북을 두드리는 '고수'가 떠오른다. 장단도 잘 맞추고, 적절한 시점에 추임새도 잘 넣는다. 때로는 진지하게 경청하기도 하면서 전체적으로 게스트가 신나고 편안하게 즐길 수 있는 분위기를 형성한다. 판소리 무대에서 관객의 시선은 대체로 노래를 부르는 '창자(唱者)'에게 집중되는데, 사실은 고수의 역할이 상당히 중요하다. 창자의 노래에 맞는 다양한 장단을 짚어주어야 하며, 적당한 대목에서 '얼씨구', '좋다' 등의 추임새를 넣어 흥을 돋우기도 해야 한다. '1고수 2명창'이란 말은 그만큼 고수의 역할을 강조한 것이다.

유재석은 이미 경지에 오른 베테랑 고수라 할 수 있다. 누구보다 돋보일 수 있는 위치에 있으면서 누구보다 자신을 낮춘다. 스스로를 어필하기보다 그 날의 게스트, 동반 패널을 빛나게 해주는 게 자신의 역할이며 MC의 바람직한 자세임을 인지하고 있다. 그가 말도 많고 탈도 많은 연예계에서 안티 팬이 가장 적은 방송인, '국민 MC'로 우뚝 설 수 있었던 것은 창자보다 고수의 자리를 지켰기 때문이다.

특히 그는 제스처, 표정, 억양 등 비언어적 요소를 활용한 소통에 탁월하다. '무한도전'에서 그는 다른 멤버로부터 무엇인가 추궁당하면 얼굴이 빨개지도록 너털웃음을 짓다가 난데없이 안경을 벗고 맨 얼굴을 공개하며 왁자지껄하게 분위기를 봉합한다. 자칫 심각하게 흘러갈 수 있는 상황에서 밉지 않은 몸짓언어를 활용함으로써 상황을 유쾌하게 반전시키는 것이다.

또한 그는 대화 상대를 바라볼 때 자연스럽게 몸을 옆으로 돌려 바라보거나 고개를 잘 끄덕인다. 화제에 관심이 있다는 것을 먼저 몸으로 증명해 보인다. 고개를 끄덕이는 동작은 복종을 의미하는 '허리 굽혀 절하기'에서 비롯된 행동으로 알려져 있으며, 대화의 속도를 조절하는 데 최적화된 몸짓이기도 하다.

가령 천천히 고개를 끄덕이는 동작은 '당신의 얘기를 더 듣고 싶다'는 관심의 표현이고, 반대로 고개를 빠르게 끄덕이면 '충분히 들었으니 그만 끝내자'는 의미로 해석될 수 있다. 유재석은 무표정한 얼굴을 보기 힘들 만큼 항상 미소를 짓고 있는데, 미소 역시 배려의 몸짓이며 상대에게 위협이 되지 않는다는 점을 드러낸다.

현재 많은 연예인들이 신비주의를 버리고 대중의 눈높이에 맞춰 친근한 모습을 보여주고 있는데, 이는 유재석으로부터 비롯됐다고 해도 과언이 아니다. 그는 이후에 등장한 스타들이 대중과 소통하는 데 있어 새로운 가치를 만들어냈다. 남을 돋보이게 함으로써 결국 스스로를 돋보이게 하는 배려의 기술이 그만의 소통 방식으로 이어졌고, 이를 통해 누구보다 강력한 셀프 브랜드를 구축할 수 있게 된 것이다.

'위악'과 '권선'의 이미지, 이경규

데뷔 35년차 베테랑 방송인이자 예능 프로그램의 대부 이경규 역시 소통의 달인으로 불릴 만하다. 그의 소통 방식은 '위악(僞惡, 짐짓 악한 체를 함)'과 '권선(勸善)', 두 가지 키워드로 요약할 수 있다. 각각의 프로그램 콘셉트에 맞게 두 가지 대조적인 이미지를 적절히 활용하는 것이 그의 전략이다. 개그맨 박명수가 확고하게 정착시킨 '호통 개그'의 원조이면서, 의외의 따뜻한 인간미를 숨기지 않는 그에게는 다층적인 매력이 있다.

이경규는 방송 중 상대가 마음에 들지 않으면 일부러 큰 소리를 치거나 독한 말을 쏟아낸다. 물론 이는 방송의 재미를 위한 그의 콘셉트이다. 그의 거친 직설 화법은 위악적인 몸짓을 통해 더욱 강화된다. 코와 턱을 치켜들며 "나한테 까불지 말란 말이야."라고 말할 때, 그의 직설 화법은 보통 손가락질과 동반된다. 위아래로 손가락을 흔드는 동작은 무례함과 함께 위압감을 준다.

또한 그는 양 허리춤에 손을 걸치고 있는 자세를 자주 보이는데, 이는 개인 공간을 보다 넓게 차지하려는 의도다. 일종의 영역 표시인 셈이며, 지배력을 확고히 나타내려는 제스처라 할 수 있다. 권위 있는 사람이 상대를 압박하기 위해 이런 자세를 보여 논란거리가 있다는 점을 알리는 것이다. 턱을 들고 목을 드러내는 동작 역시 힘과 자부심의 상징이다. 자신이 결코 약하지 않으며, 오히려 우세하다는 표시다. 흔히 자신보다 지위가 낮거나 약한 상대를 윽박지를 때 이러한 모습을 관찰할 수 있다.

반면 이경규가 '권선'의 이미지를 택할 때면 호통 치는 그의 모습은 온데간데없다. 게스트가 말을 시작하면 의자를 최대한 앞으로 당겨 몸을 기울이고, 가벼운 감탄사나 추임새로 공감을 드러낸다. 몸이 기울면 특히 머리가 상대와 가까워지는데, 이러한 행동은 자신의 연약함을 내보이는 몸짓이다. '나는 당신의 말에 관심이 있고, 당신의 말을 경청한다'는 의미를 나타내는 것이다. 이러한 순종적이며 진지한 자세는 상대로부터 강한 신뢰를 불러일으킨다. 특히 이경규의 '머리 기울이기'는 구수한 경상도 사투리, 독특한 웃음소리와 함께 뜻하지 않은 편안한 분위기를 만들어낸다. 또한 그는 고개를 한껏 뒤로 젖히고 팔과 다리를 바깥으로 뻗은 채 어깨를 들썩이며 유쾌하게 웃는데, 이는 그만이 가진 소탈한 매력으로 다가온다.

그의 트레이드마크인 안경은 '위악'과 '권선'의 이미지를 강조하기 위한 효과적인 장치다. 1981년 데뷔할 당시 그는 안경을 착용하지 않았고 별다른 이미지도 심어주지 못했다. 우연치 않게 안경을 착용하기 시작한 1990년대 후반부터 두각을 나타내기 시작했는데 이때 그의 대표작인 '몰래카메라'와 '양심냉장고'가 탄생했다. 이경규의 안경은 이때부터 위악과 권선의 이미지를 번갈아 심어주는 액세서리가 되었다. '몰래카메라'에서 그의 안경은 상대가 속는 모습을 들여다보는 위악의 소품이었으며, '양심냉장고'에서는 양심을 지키는 사람들을 찾아내는 권선의 소품이었다. 2000년부터 지금까지 쭉

무테안경을 착용하는 그는 친밀감을 높이고 싶을 때면 안경을 벗어 거리감을 줄이고 권선의 이미지를 부각시키곤 한다. 반면 예리한 질문을 던지거나 상대를 관찰할 때면 안경 너머로 응시한다. 이는 현미경으로 상대방을 속속들이 관찰하는 듯 거만하고 공격적인 위악의 이미지를 부각시킨다.

나는 2013년에 KBS 예능 프로그램 '가족의 품격 풀하우스'에 출연하며 진행자이던 그를 가까이서 만날 수 있었다. 나 역시 방송 경험이 꽤 많았음에도 불구하고 그의 '강한 기'에 눌려 초보자처럼 긴장되고 마음이 답답했던 기억이 떠오른다. 안경 너머로 예리한 눈매를 빛내는 그의 모습에 나도 모르게 '이경규 콤플렉스'가 생겨날 정도였다.

그러나 가만히 지켜보니 눈에 보이지 않는 웃음의 지휘봉으로 전 출연자의 하모니를 유도하는 그의 베테랑다운 면모가 눈에 들어왔다. 또 미처 예상치 못한 상황에서 그가 가진 의외의 따뜻함을 발견했다.

녹화 후 그에게 내 책을 선물한 후 돌아갈 준비를 하고 있었는데, 마지막으로 인사를 나누고 나갈 때 보니 그가 내 책을 손에 정중히 들고 있었다. 그 순간의 모습은 매우 프로페셔널하면서 세심한 배려로 오래 기억에 남았다. 방송에서 보이는 이경규의 모습은 소탈하면서 위악적인 이미지가 강하지만, 실제의 그는 주변을 항상 신경 쓰는 세심하고 치밀한 사람이었다. 위악과 권선, 두 대조적인 이미지를 활용해 대중을 들었다 놨다 요리하는 그의 소통 방식은 누구도 흉내 내기 힘든 독보적인 캐릭터를 창출해냈다. 이렇듯 다양한 소통 방식을 시도해 대중에게 어필할 수 있는 최적의 이미지를 찾아내는 것이 셀프 브랜딩의 핵심이다.

최적의 매체를 통한 따뜻한 해법,
혜민 스님

SNS로 소통하는 하버드대 출신 스님, 종교계에서 가장 영향력 있는 명사, 청년들의 멘토, 출판계 '힐링' 열풍의 주역. '혜민 스님'은 이제 한국에서 모르는 사람이 거의 없을 만큼 유명한 이름이 되었다. 고등학교 졸업 후 미국으로 건너가 대학에서 종교학을 공부한 후, 하버드대학원에서 비교종교학으로 석사 과정을 밟던 중 출가를 결심한 그의 이력은 대중에게 큰 호기심을 불러일으켰다. 2012년 발간한 저서가 출간 7개월 만에 100만 부를 돌파하여 베스트셀러 작가로서 더욱 널리 알려지기도 했다.

혜민 스님은 종교인으로서는 드물게 트위터, 블로그 등 SNS를 통해 대중과 활발히 소통하며 이 시대의 '힐링 멘토'로 자리를 굳혔다. 미국 매사추세츠 주의 햄프셔대학교에서 교편을 잡다 2015년 한국으로 돌아온 그는 현재 어려운 이웃의 심리를 치유하는 '마음치유학교'를 운영하고 있다.

보수적이고 엄격한 종교계에서 혜민 스님과 같은 대중적인 스타가 탄생한 것은 여러모로 주목할 만한 일이다. 최근 몇 년 간 사회적, 경제적 불안으로 '힐링'을 찾는 대중의 수요가 급격히 늘었다는 점도 간과할 수 없다. 특히 불확실한 미래에 암담함을 느끼는 청년들의 고민을 어루만져 줄 수 있는 멘토가 절실한 상황이었다. 이에 부응해 여러 분야에서 멘토를 자처하는 유명 인사들이 등장했고, 혜민 스님은 이들 중 누구보다 강력하게 진정성을 어필할 수 있는 '종교인'이라는 배경을 갖추고 있었다.

청년들과 세대 차이가 크지 않은 비교적 젊은 나이, 부드럽고 호감 가는 인상, 일상적이고 친근한 화법 역시 그를 스타 멘토로 거듭나게 한 요인이었을 것이다. 그는 훈계하기보다 공감하려 하고, 어려운 불교 철학보다 구체적이고 쉬운 이야기로 대중에게 다가간다. 무엇보다 SNS를 통해 실시간으로 소통하며 대중과 늘 가까이 있다는 느낌을 심어주었다.

그의 트위터 계정을 구독하는 팔로워 수는 현재 120만 명에 달한다. 그는 2010년 트위터를 시작한 이래 6년간 꾸준히 일상적인 고민에 답이 될 만한 글귀를 올리며 뜨거운 공감을 얻었다. 살면서 부딪치는 힘든 상황에 대해 쉬운 말들로 해결책을 제시하는 그만의 소통 방식은 그를 대표적인 힐링 멘토로 만드는 데 큰몫을 했다. SNS의 가장 중요한 속성은 '공유'다. 때문에 긴 글보다는 짧은 글이 효과적이며, 140자의 제한이 있는 트위터에 남긴 글은 공유되기에 최적화된 형태라 할 수 있다. 혜민 스님이 트위터에 남긴 글은 '혜민 스님 어록', '혜민 스님 명언' 등으로 공유되며 베스트셀러인 그의 에세이만큼이나 인기를 끌었다.

그의 어록 중 대중에게 크게 공감을 산 말들을 살펴보자. "행복해지고 싶으면 다른 사람이 나에 대해 어떻게 생각하는지 걱정할 시간에 나 하고 싶은 것을 하라", "그 사람과 있을 때 내 모습이 좋게 느껴지는 인연과 더 깊게 교류하라", "과거가 나를 붙잡고 있기 때문에 힘든 것이 아니고 내가 과거를 자꾸 떠올리며 머물기 때문에 힘든 것이다", "진정한 사랑은 '그럼에도 불구하고' 사랑하는 것이다", "내가 원하는 삶이 아니라

남이 기대하는 삶을 살아주고 있으면 멀미가 난다" 등 주로 인간관계, 자존감, 과거의 상처에 대한 언급이 많다.

이는 대중적 공감을 사기 쉬운 주제이기도 하다. 사실 대중이 원하는 힐링이란 심오한 수준의 문답이 아니라 이와 같은 위로와 격려의 메시지다. 지금 스스로가 아무리 하찮아 보여도 특별하고 소중한 존재임을 잊지 말라는, 어찌 보면 뻔한 한 마디도 지친 대중에겐 위로가 된다.

혜민 스님이 1인 브랜드로서 성공할 수 있었던 것은 적절한 때에, 적절한 매체를 통해, 적절한 해법을 제시했기 때문이라 할 수 있다. 힐링을 갈구하는 시대에 SNS라는 효과적인 매체로 위로를 전한 것이 '혜민 스님'이라는 브랜드의 성공 요인이다.

셀프 브랜딩을 위해서는 이처럼 현재 사람들이 갈망하는 것이 무엇인지, 거기에 부응하려면 어떤 소통 방식을 취해야 하는지 고민해볼 필요가 있다. 적절한 전략만 있다면 분야를 막론하고 어떤 영역에서건 셀프 브랜딩이 가능하다. 누구보다 보수적인 세계에 몸담고 있으나 훌륭한 1인 브랜드를 구축한 혜민 스님이 그 모범 사례라 하겠다.

'자기다움'을 각인시키는 일,
김봉진 대표

김봉진 대표는 '국민 배달 앱'으로 불리는 '배달의 민족'을 탄생시킨 장본인이다. 디자이너 출신인 김봉진 대표와 프로그램 개발자인 친형이 2010년 설립한 회사 '우아한 형제들'이 만든 '배달의 민족'은 국내 스마트폰 사용자 3명 중 1명 이상이 쓰는 국민 필수 앱이다. '배달의 민족'에 등록된 배달음식 전문 업소만 15만 개 이상이고, 이들과 사용자 간 하루 16만 건 이상의 주문이 성사되며 월간 거래액은 9백억 원에 달한다. 비슷한 배달 앱 서비스가 우후죽순으로 쏟아지는 가운데 무려 55퍼센트의 일일 이용자 점유율을 자랑하고 있다. 회사 스스로 내세우는 '1등 어플'이라는 수식어가 과장이 아닐 만큼 '배달의 민족'은 소비자의 마음을 사로잡는 데 완벽히 성공했다.

이러한 히트작을 내놓은 김봉진 대표는 어떤 사람일까? 그는 보기 드문 디자이너 출신 CEO다. 대학에서 실내디자인을 전공한 후 NHN, 이모션 등의 회사에서 실무 경험을 쌓고 친형과 의기투합해 회사를 설립했다. 이들이 만든 '우아한 형제들'은 앱 개발, 광고 마케팅, 디자인 등 다양한 프로젝트를 진행한다.

김 대표는 처음부터 '배달의 민족'에 대한 구체적인 계획이 있었던 것은 아니라고 한다. 배달 음식 시장에 대한 철학이나 특별한 사명감을 갖고 있지도 않았다. 그저 사람들이 좋아할 만한 서비스를 만들고 싶다는 바람으로 트렌드를 살펴보던 중, 각자의 스마트폰에 등록된 주변 음식점들의 전화번호가 공유되면 좋겠다는 생각에서 출발했다. 전 직원 6명이 모일 변변한 사무실도 없어 지인의 공간을 빌리고, 아파트 경비실과 재활용 센터를 돌며 배달 업소 전단지를 모았다. 그렇게 반년간 6명이 발품을 팔아 각지의 배달 업소 정보를 스마트폰에서 간편하게 확인할 수 있는 시스템이 구축되었다.

사실 '배달의 민족'이 최초의 배달 전문 앱은 아니다. '우아한 형제들'이 시스템을 구축하던 당시 유사한 서비스가 시장에 먼저 나왔다. 10조 원 규모의 국내 배달음식 시장을 겨냥한 시도가 곳곳에서 이루어지고 있었다. 사업을 접어야 할지도 모른다는 불안감 속에서 김 대표는 개발을 밀어붙였고, 경쟁 서비스와의 차별화를 위해 '자기다움'을 내세웠다. 이 '자기다움'은 '배달의 민족'을 비롯해 그가 설립한 회사인 '우아한 형제들', 그리고 그 자신의 셀프 브랜딩에까지 널리 적용되는 모토가 되었다.

경희야, 넌 먹을 때가 제일 예뻐

비슷한 구성의 배달 앱 가운데 자체적인 디자인을 적용한 '배달의 민족'은 호의적인 반응을 이끌어냈다. 특히 앱에 적용되는 폰트인 '한나체'는 대중에게 무료로 배포되며 폭발적인 인기를 누렸다. 1960~1970년대 간판에서 아이디어를 얻은 '한나체'는 초등학생이 쓴 것처럼 삐뚤빼뚤한 키치적인 느낌으로 '배달의 민족'의 서민적이고 친근한 이미지를 강화하는 데 큰 몫을 했다. '한나체'라는 이름도 김 대표의 딸 이름에서 따온 것이다. 김 대표는 폰트에 브랜드를 만드는 강력한 힘이 있다고 믿고, 앱을 구성하는 폰트는 물론 이미지의 모든 작업에 하나하나 관여했다. 어린 시절 학교 앞 문방구에서 산 싸구려 스티커를 떠올리게 하는 복고풍의 일러스트가 '한나체'와 어우러지며 특유의 키치적인 이미지를 완성했다. 배달 주문하는 짧은 순간을 재미있는 경험으로 전환하는 것은 화려한 기술이 아니라 이처럼 개성적인 디자인에 힘입은 바가 크다. 김 대표는 기술보다 감성, 소비자에게 선사할 수 있는 경험의 가치에 집중한 것이다.

배우 류승룡이 말을 타고 만주 벌판을 달리다 철가방에서 짜장면 그릇을 꺼내며 "우리가 어떤 민족입니까?"라고 묻는 '배달의 민족' 광고 역시 브랜드 이미지 강화에 큰 역할을 담당했다. 주요 소비자층인 20대가 좋아할 만한 B급 문화의 키치적인 정서로 무장한 '배달의 민족' 광고는 한국광고대상에서 3관왕을 차지할 만큼 높은 인기를 누렸다. '경희야, 넌 먹을 때가 제일 예뻐'와 같은 재치 있는 카피는 '배달의 민족'이 기존에 구축한 아이덴티티를 더욱 탄탄하게 만들어주었다.

김 대표는 '배달의 민족'의 고객 서비스 구석구석에도 '자기다움'을 불어넣었다. 앱에 업소를 등록하는 자영업자를 위한 '사장님 지원 프로그램'을 만들어 제공했다. 업소를 소개하는 CF 영상을 무료로 만들어주는가 하면, 업소별 일대일 맞춤 컨설팅은 물론, 외식업계 스타 강사들의 가게 운영 비법을 전수하는 강연 프로그램도 지원한다. 또한 배달원 사고를 예방하는 오토바이 안전운전 교육 프로그램과 전단지, 책자 광고 등 오프라인 광고의 효과 측정도 무료로 제공해준다. 뿐만 아니라 소비자와 사장이 댓글을 통해 직접 소통할 수 있도록 시스템을 구축했다. 이 같은 세심한 고객 서비스는 다른 배달 앱과 차별화되는 만족스러운 경험, 강력한 개성을 창출해냈다. 디자인, 광고, 서비스 전반에 걸쳐 어떻게 하면 '자기다움'을 어필할 수 있을지 영리하게 고민한 결과라 할 수 있다.

창업 자본 중 마케팅 비용만 80억 원 이상이 소요된다는 앱 시장에서, 불과 5년 만에 배달 앱 분야를 평정한 김 대표는 이제 창업을 준비하는 이들의 일 순위 롤모델이다. '배달의 민족'을 포털 사이트에 입력하면 그의 이름이 자동검색어로 뜰 만큼 김 대표 개인의 인기도 높다. CEO까지 덩달아 유명하다는 것은 그가 자기만의 스타일, 회사의 스타일을 확실하게 정립했다는 증거다.

그가 셀프 브랜딩에도 성공할 수 있었던 이유는 차별화된

'자기다움'을 찾아내는 과정이 커리어를 통해 대중에게 각인되었기 때문이다. 또한 '자기다움'을 적용할 수 있는 동료들을 일찌감치 포섭한 것도 성공에 큰 역할을 했다. 실제로 그는 인터뷰에서 "창업을 시작할 때 동업자를 찾는 데 시간을 허비하지 말라, 주변에서 마음 맞는 친구를 찾으면 된다"고 조언한 바 있다. 잘 맞는 동료들을 만났기에 일관된 스타일을 정립할 수 있었고, 이 같은 스타일이 주변 네트워크를 통해 빠르게 전파되며 회사의 성장을 견인할 수 있었다. 한마디로 영리한 셀프 브랜딩의 정석이라 할 수 있다.

디자이너로 출발해 이십대 후반의 나이에 이미 대기업의 팀장이 되었던 김 대표는 당시 유능한 이미지로 어필하기 위해 외모에도 각별히 신경을 썼다고 한다. 어린 나이라 미덥지 않게 생각할까 봐 어떻게 하면 일을 잘하는 사람처럼 보일 수 있을까 고민하다 드라마나 영화에 등장하는 디자이너처럼 머리를 밀었다. 청바지에 티셔츠, 빡빡 민 머리, 안경과 수염으로 크리에이터의 이미지를 구축한 것이다. 이처럼 셀프 브랜딩에는 내적, 외적인 차별화를 끊임없이 고민하고, 진정한 '자기다움'이 무엇인지 탐색하는 과정이 반드시 필요하다.

나의 현재 위치와 내가 원하는 모습을 그려본 후 어떤 지점에서 남들과 달라질 수 있는지 확실히 포착하여 전략을 세워야 한다. 포화 상태의 배달 앱 시장에서 '배달의 민족'이 성공을 거둘 수 있었던 것은 한 번 보면 잊어버릴 수 없는 '자기다움' 때문이었다. 셀프 브랜딩이란 결국 이 '자기다움'을 각인시켜가는 과정인 것이다.

대가들에게 찾은
셀프 브랜딩 전략

이로써 총 여섯 명의 성공한 인물들이 가지고 있는 셀프 브랜딩 비법을 살펴보았다. 상세 내용에 있어 각 인물들 사이의 공통점도 있고 차별점도 있었지만 대체로 그 핵심적인 맥락은 크게 다르지 않았다. 이들이 구사하고 있는 공통적인 셀프 브랜딩 노하우를 살펴보자.

브랜드의 중요성을 누구보다 잘 알고 있다

가장 단순한 것처럼 들리지만 또한 가장

중요한 요소 중 하나다. 이들은 공통적으로 '이제 1인 브랜드 시대가 왔다'는 명제에 충분히 동의하고 있었으며 또한 이를 위해 스스로 의식적인 노력을 기울였다.

이장우 박사는 자신만의 브랜드를 구축하고 유지, 강화하는 과정 자체가 스스로를 성장시킨다는 믿음을 가지고 있었다. 그는 자기 브랜드를 구축하기 위해서는 먼저 '자기성장'이 필요하다고 강조했다. 또한 내적인 '자기성장'을 위한 도구로 책과 인터넷을 활용하라는 조언을 덧붙였다. 그 스스로도 '자기성장'을 멈추지 않고 끊임없이 새로운 목표를 설정하여 공부하고 있다. 이미 '아이디어 닥터'라는 확고한 1인 브랜드를 구축했음에도 불구하고 커피, 맥주, 소셜 네트워크 등 새로운 분야로 지평을 넓혀나가는 일을 게을리하지 않는다. 자기 자신이 하나의 브랜드가 되는 셀프 브랜딩에서, 스스로가 진부해져버리면 브랜드의 가치가 바로 하락하기 때문이다. 이 박사는 똑같은 스펙과 경험을 가진 사람들이 넘쳐나는 현대사회에서, 나만의 개성을 살린 독자적인 1인 브랜드는 가장 강력한 경쟁력이라고 단언한다.

'피겨 여왕' 김연아는 마지막 무대인 2014년 소치 동계올림픽에서 석연치 않은 판정으로 은메달을 딴 직후에도 놀라울 정도로 담담하고 성숙한 태도를 보여준 바 있다. 결점을 찾을 수 없는 연기를 펼쳤음에도 낮은 점수를 받아 억울할 법도 한데 "홀가분하다."는 말과 함께 애써 밝은 표정을 보여주었다. 시상식 직후 국내 언론과의 인터뷰에서 그녀는 "소치 올림픽에 오기까지의 결정이 너무나 힘들었는데, 어떤 선택을 하든 끝이 있더라. 잘 끝나서 기분이 좋다."며 의연한 자세를 취했다. 올림픽 2연패를 향한 국민적인 기대, 외신도 당황할 만큼 불공정한 판정, 선수 인생 마지막 무대라는 부담 등으로 괴로웠을 그녀의 어른스러운 모습은 사람들에게 깊은 인상을 남겨주었다. 이는 먼 미래까지 지속될 '김연아'라는 1인 브랜드를 염두에 둔 듯 훌륭한 대처였다. 그녀처럼 언제 어디서든 자신의 브랜드를 의식하고 그에 맞게 처신하는 태도가 중요하다.

'국민 MC' 유재석 역시 어떤 프로그램에 출연하든 그 자신의 정체성을 잊지 않는다. 이미 사람들은 유재석이 어떤 상황에 놓이든 '유재석이라면 이렇게 할 것이다'라는 기대를 가지고 있다. 배려 넘치는 리더, 자신을 낮춤으로써 상대를 돋보이게 하는 고수의 역할이 그것이다. 그는 어떤 돌발 상황에 놓여도 스스로의 위치, 대중이 기대하는 이미지를 절대 깨뜨리지 않는다. 자신이 고유한 1인 브랜드라는 점을 명확히 인지

하고 있는 것이다.

이처럼 스스로 브랜딩에 대한 확실한 인식을 갖고 있을 때 의식적인 노력을 기울일 수 있고, 원하는 브랜딩이 이루어진다는 점을 반드시 기억하고 있어야 한다.

커뮤니케이션의 달인이다

커뮤니케이션은 일반적인 한국어의 '의사소통'과는 좀 다른 함의를 가지고 있다. 단순히 의사를 주고받는 차원이 아니라 그것을 통해 상대를 나에게로 끌어당기거나, 또는 자신이 상대의 마음속으로 파고들어가는 것이 진정한 의미의 '커뮤니케이션'이라 할 수 있다. 그런 점에서 앞서 살펴본 성공한 인물들은 커뮤니케이션의 달인이라 해도 과언이 아니다.

이렇게 하기 위해 첫 번째로 중요한 점은 자신의 인상을 편안하게 만드는 것이다. 이장우 박사는 장년의 나이에도 불구하고 청년처럼 유순하고 맑은 인상을 가지고 있다. 그의 차분한 말투와 침착한 제스처, 겸손한 태도는 누구에게든 호감을 준다. 만면에 띤 미소는 유연하면서 친근한 이미지로 상대의 긴장감을 누그러뜨린다. 글로벌 기업의 수장으로 수십 년간 근무해온 그의 커리어를 보면 카리스마 넘치는 리더의 이미지를 상상할지 모르지만, 실제의 그는 마음씨 좋은 선배나 선생님 같은 따뜻한 분위기를 풍긴다.

혜민 스님 역시 '힐링 멘토'다운 온화하고 인자한 인상을 가지고 있다. 방송 프로그램이나 대중을 상대로 한 강연에서 그는 환한 미소와 편안한 높낮이의 목소리, 정감 있는 제스처를 통해 기존의 긍정적인 이미지를 강화한다. 힘겨운 상황에 부딪친 상담자를 따뜻하게 포옹하는 행동은 친밀감과 호감을 더욱 높여준다.

이장우 박사와 혜민 스님은 표정, 목소리, 보디랭귀지 등의 비언어적 요소와 메시지를 잘 조화시키는 타입이다. 언어적 요소가 사실을 전하는 데 반해, 비언어적 요소는 감정을 전달한다. 위에서 언급했듯 커뮤니케이션이 '타인을 내 속으로 끌어당기거나 내가 타인으로 들어가는 과정'이라고 본다면, 두 사람은 이런 점에서 탁월한 커뮤니케이션 능력을 지니고 있다고 할 수 있다.

그러나 꼭 인상 자체를 부드럽게 만들려고 노력할 필요는 없다. 이경규는 고압적이며 공격적인 '위악'의 이미지를 갖고 있으나, 이러한 이미지가 오히려 그에게 유일무이한 캐릭터를 만들어주었다. 위악의 이미지를 중화시키는 '권선'의 이미지도 함께 갖고 있기에 다층적인 매력을 발산한다. 그는 위선적이거나 위악적인 하나의 이미지로만 승부하기보다, 대조적인 두 이미지를 번갈아 활용함으로써 솔직한 인간미를 전달할 수 있었다. 그의 구수한 경상도 사투리나 목젖이 보일 정도의 호탕한 웃음소리는 '유쾌한 동네 아저씨' 같은 친밀감을 안겨준다.

김연아는 스스로 낯을 가리고 내성적이라고 얘기할 만큼 외향적인 성격은 아니다. 그럼에도 불구하고 언론 인터뷰나 공식 석상에서 보여주는 그녀의 커뮤니케이션 방식은 매우 능숙하고 세련되었다. 특히 2011년 평창 동계올림픽 유치를 위해 진행된 프레젠테이션 현장에서 김연아는 초보 프레젠터 답지 않은 유려한 발표를 선보였다. 그녀가 중요한 내용을 언급할 때면 "이 일은 나와 관계된 것", "이 일은 내가 책임질 일"이라는 뜻에서 손을 가슴에 댔는데, 이러한 제스처는 호소력 있는 화자로 어필하는 데 큰 도움이 된다. 실제로 그녀가 발표를 마친 후 외신은 "유창하고 원더풀한 프레젠테이션"이었다며 찬사를 아끼지 않았다.

　각각의 성향이 어떻든 간에, 가장 중요한 것은 이들이 대화와 인상, 제스처를 통해 상대를 자신의 편으로 만드는 능력을 지니고 있다는 것이다. 진정한 커뮤니케이션은 메시지만 전달하는 것이 아니라 비언어적 요소를 통해 상대의 마음을 사로잡는 것이다. 커뮤니케이션의 달인이 되는 것은 셀프 브랜딩의 완성으로 가는 가장 빠른 지름길이다.

신뢰를 주는 일관성을 보인다

　　　　　경영 이론에서의 '브랜드'는 다른 것들과 차별화된 가치를 창조해내는 존재의 품질을 의미한다. 그렇게 창조된 가치는 하나의 관계를 만들어내기에 '브랜드'는 '차별화된 가치들의 총아로 이루어진 의미있는 관계'라 정의되기도 한다. 『너 자신이 브랜드가 되라』를 쓴 자기계발 분야의 전문가 데이비드 맥낼리(David McNally)는 사람도 타인과의 관계에서 가치를 창출하기 위해 지속적으로 독특한 품질을 유지한다면 브랜드가 될 수 있다고 말한 바 있다.

만약 어떤 사람이 타인과의 관계에서 끊임없이 가치를 창출해낼 경우 강력한 브랜드를 구축했다고 볼 수 있는 것이다. 여기서 중요한 사실은 차별화된 가치를 얼마나 지속시킬 수 있는가이다. 차별화된 가치를 지속하려면 일관성이 필요하고, 이러한 일관성은 타인에게 장기적인 신뢰를 심어준다. 특별한 가치를 시종일관 유지하려는 노력이야말로 브랜딩의 성패를 가르는 중요한 요소라 할 수 있다.

앞서 살펴본 성공한 인물들은 모두 차별화된 가치를 지니고 있다. 창의적인 아이디어가 넘치는 이장우 박사, 타고난 재능과 불굴의 의지로 최정상에 오른 김연아, 배려를 갖춘 리더 유재석, 위악과 권선을 오가는 예능 대부 이경규, 사람을 다독이는 힐링 멘토 혜민 스님, 영리한 '자기다움'으로 성공한 김봉진 대표까지 자기만의 색깔을 갖지 못한 인물은 하나도 없다.

또한 이들은 어렵게 구축한 가치를 꾸준히 유지하는 데 집중했다. 이는 한시도 긴장의 끈을 놓지 않고 자기관리에 힘썼기 때문에 가능한 것이다. 독특한 개성, 화려한 이력으로 자신을 차별화시킨 사람은 수없이 많다. 하지만 자신의 가치를 과신한 끝에 실수를 저지르고 이미지를 망가뜨린 사례도 무수히 많다.

성공한 브랜딩이란 차별화된 가치를 꾸준히 유지하는 것이다. 만약 유재석이 한번이라도 평소의 이미지에서 완전히 어긋난 행동을 보여주었다면 현재의 그는 없을 것이다. 김봉진 대표가 경쟁사의 등장에 흔들려 '배달의 민족'과 '우아한 형제들'의 스타일을 뚝심 있게 밀고 나가지 못했다면 지금의 성공을 거두지 못했을 것이다. 사람들이 이들에게 갖는 신뢰는 이들이 그간 흐트러지지 않은, 일관된 이미지를 보여주었기 때문이다.

셀프 브랜딩에 성공하려면 현재 자신의 위치를 파악하고, 지향하는 이미지를 명확히 설정한 후, 항상 자신의 말과 행동을 이에 맞게 컨트롤하는 습관이 필요하다. 핵심적인 아이덴티티를 구축했다 해도 남이 의식할 만큼 뚜렷하게 유지하려면 일관성 있게 밀고 나가는 노력을 장기간 기울여야 한다.

'남이 보는 나'와 '내가 생각하는 나'의 차이를 줄이려면?

객관적으로 자신을 바라보는 '시간'과 내 이미지를 솔직하게 이야기해줄 수 있는 '사람'이 필요하다. 이미지는 대부분 타인이 결정해주는 것이다. 솔직한 내 이미지를 이야기해줄 수 있는 사람은 많지 않다. 가족은 가족이기에 어렵고, 주변 친구들은 친구이기에 단점까지 말해주기 쉽지 않을 것이다. 무엇보다 내 스스로가 그들에게 내 감정을 드러내는 것과 지적을 받아들이는 것이 쉽지 않다. 변명이 길어지게 마련이다. 따라서 전문가에게 비용을 들여서라도 객관적인 자신을 바라보는 시간을 가지길 추천하고 싶다. 여의치 않다면, 처음 만난 사람들에게 자신의 이미지를 물어보는 것도 좋다. 나도 처음 만난 사람에게 내 첫인상이 어떠한지, 누구와 닮았는지 등 내 이미지를 물어보는 것을 좋아한다.

예를 들면 나는 지적이고 차갑고 도도한 인상이라는 이야기를 많이 들었다. 그러나 서로 알아가다 보면 털털한 여장부, 진정성이 느껴지는 이미지, 심지어 '허당'이라는 소리도 많이 듣는다. 첫인상과 다른 의외의 면모가 '허당'으로 느껴지며 긴장감을 누그러뜨리는 것이다. 이는 친구 관계에서는 좋을 수 있지만, 비즈니스에서는 도움이 되지 않을 수도 있다. 하지만 어쩌면 이 또한 나의 브랜딩 작업 중 하나일 수도 있겠다.

중요한 것은 '남이 보는 나'를 알아야 셀프 브랜딩이 성공할 가능성이 크다는 사실이다. 내 경우 지적인 이미지를 부각시키는 것이 비즈니스에 도움이 되고, 단점을 보완해주기에 실제로도 공부를 꾸준히 하여 '허 박사'로서 브랜딩을 강화하는 데 노력했다.

또한 다가서기 힘든 이미지가 타인과의 소통에 지장을 주는 것을 깨닫고 이제는 내 본래의 모습을 좀 더 솔직하고 자신감 있게 드러내고 있다.

내 인맥을 다른 사람에게 소개시켜주면 손해가 아닐까?

사람들은 흔히 '자기 인맥의 소중함'을 너무 과도하게 평가해 타인들에게 자신의 지인(知人)을 잘 소개시켜주지 않으려는 경향이 있다. 이러한 심리적인 배경에는 '내가 소개시켜준 두 명이 나보다 더 친해지면 어쩌지?'하는 생각이 자리 잡고 있다.

하지만 '인맥은 근육질'이다. 서로를 이어주면 이어질수록 더욱 강해진다는 이야기다. 언제나 그 인맥의 중심에는 그 인맥을 소개시켜준 자신이 있고, 그 자신 역시 그 '근육질'을 통해 더욱 강한 인맥을 소개받을 수 있기 때문이다.

술과 골프, 자칫하면 최악의 인맥 관리법

술과 골프, 많은 사람들이 인맥을 맺기 가장 좋은 방법으로 손꼽는다. 하지만 오히려 이는 '최악의 방법'이 될 수 있다는 사실을 잊어서는 안 된다. 머리 좋은 경영자들은 단지 사람들과 친해지기 위해서만 술을 마시고 골프를 치지는 않는다. 바로 상대방을 '평가'하고 '판단'하고자 하는 의도도 있기 때문이다. 술에 취했을 때 타인을 대하는 태도는 어떤가? 자신이 경기에 지고 있을 때 어떠한 행동을 취하는가? 하는 질문을 던지며 타인을 지켜보는 것이다. 만약 실수를 했을 경우 술과 골프는 돌이킬 수 없는 '최악의 인맥 관리법'이 될 수도 있다.

3

세계에서
제일 **바쁜 사람들**이
SNS를 한다

사회적 자본은 가족이나 가까운 친구 등 친밀감이 강한 유대관계에서 많이 발생될까, 아니면 지인이나 만난 지 얼마 안 된 사람, 온라인 친구 등 약한 유대관계에서 많이 발생될까? 1970년대 이래로 진행된 일련의 사회학 연구를 보면 아이러니하게도 약한 유대관계가 우리에게 가장 많은 사회적 자본을 가져다준다고 한다.

SNS,
왜 중요한가?

2012년 한 해 전세계를 열광케 한 가수 싸이의 노래 '강남스
타일'의 성공 뒤에는 SNS의 힘이 있었다. 이 해 7월 유튜브에
공개된 '강남스타일'의 뮤직비디오는 대표적인 SNS 중 하나
인 트위터를 통해 입소문을 타며 공개된 지 채 100일도 되지
않아 조회 수 5억 뷰를 돌파했다. 무서운 속도로 상승세를 탄
'강남스타일'은 한국 노래 최초로 빌보드 차트에 올라 7주 연
속 2위를 차지하는 등 글로벌 돌풍을 일으켰다. 특유의 '말춤'
을 흉내 내며 뮤직비디오를 패러디한 동영상이 앞다투어 유튜
브에 올라왔고, 2013년 새해를 맞이하는 뉴욕 타임스퀘어 광

장에 '강남스타일'이 울려 퍼지게 되었다. 4년이 지난 현재까지도 '강남스타일'의 뮤직비디오는 조회 수 25억 뷰를 기록하며 꾸준한 반향을 얻고 있다.

'강남스타일'이 처음부터 크게 성공한 것은 아니다. 한국인이 아니면 이해하기 힘든 노래 제목이나 한강, 경마공원 등한국 특유의 배경이 드러나는 뮤직비디오는 이 노래가 애초부터 해외 진출을 목표로 하지 않았다는 것을 보여준다. '강남스타일'의 성공 요인은 콘텐츠 자체의 독창성과 더불어 전세계 사람들이 접속할 수 있는 SNS의 위력에 있다.

'강남스타일' 뮤직비디오가 공개된 지 보름이 지나 팝스타 저스틴 비버를 발굴한 미국의 유명 프로듀서인 스쿠터 브라운(Scooter Braun)이 이를 자신의 트위터에 공유하며 300만 명이 넘는 그의 팔로워에게 노출시켰고, 이후 조회수가 급속도로 증가하기 시작했다. 스쿠터 브라운은 이름 자체가 브랜드로 통하는 유명인이자 음악 비즈니스 세계의 브리지 피플이다. 좋은 콘텐츠를 누구나 볼 수 있는 글로벌 플랫폼에 올리고, 이를 브리지 피플에게 노출시킨 것이 '강남스타일' 성공의핵심 포인트라 할 수 있다.

브리지 피플을 소개받고, 그들을 움직여 콘텐츠를 홍보하는 기나긴 과정이 이제는 인터넷에 접속해 콘텐츠를 업로드 하는 몇 분으로 간단하게 끝날 수 있었던 것은 SNS의 파급력이 상상 이상으로 거대해졌음을 의미한다. SNS를 통해서라면 당신의 브랜드와 가치를 불특정다수에게 알리고 브리지 피플에게 닿는 일을 몇 배로 수월하게 만들 수 있다. 디지털 세상은 그 자체로 무한한 잠재력을 가진 인적 네트워크이자 기회의 장인 셈이다.

손정의 회장의 트위터 사용법

SNS는 사람과 사람의 관계를 지향하는 서비스로서 커뮤니티 중심의 참여에 그 기반을 두고 있다. 인터넷을 매개로 타인과 정보를 공유하거나 사회적 관계 형성을 돕는 쌍방향 커뮤니케이션 서비스라는 점이 SNS의 큰 특징이다. 기존 오프라인 인맥을 온라인으로 옮겨온 1세대 SNS인 싸이월드와 블로그에 이어, 이제 온라인상에서 새로운 인맥을 형성할 수 있는 2세대 SNS인 페이스북, 트위터가 대세로 자리 잡았다. 이미지를 중심으로 특정 관심사를 공유하는 3세대 SNS인 인스타그램, 텀블러의 사용자 수도 급격하게 늘어나고 있는 추세다.

가장 폭넓게 쓰이는 SNS인 트위터와 페이스북의 사용자 수를 보면, 2016년 5월, 트위터 사용자는 3억 2천만 명을 넘었고, 페이스북 사용자는 16억 5천만 명을 넘어섰다. 특히 최근 몇 년간 무서운 성장세를 보이는 페이스북의 경우 사용자 수가 매년 15퍼센트 이상 급증하고 있다. 전 세계에서 매일 페이스북에 접속하는 사용자만 10억 명 이상이다. 국내 트위터 사용자는 600만 명 이상, 페이스북 사용자는 1천만 명을 넘어선 지 오래다. 우리나라 전체 인구의 5분의 1 이상이 매일같이 SNS에 접속해 있는 셈이다.

SNS를 통해 개인들이 직접 정보를 생산하고 유통하게 된 만큼 기업들도 SNS 관리에 심혈을 기울이고 있다. 〈포춘〉지 선정 500대 기업의 대부분이 SNS 전문가를 고용하여 브랜드 이미지를 관리하고 있으며, 기업의 CEO가 SNS를 적극적으로 활용하여 브랜드 가치를 높이기도 한다.

그 대표적인 예로 일본의 소프트뱅크 주식회사 손정의 회장의 트위터 계정을 들 수 있다. 2009년 트위터를 시작한 이래 250만 명 이상의 팔로워를 두고 있는 손정의 회장은 바쁜 일정 중에도 소비자의 요청이나 불평에 대해 성실하게 답변하는 모습을 보여 소프트뱅크의 브랜드 호감도에 크게 공헌한 바 있다. 하루 일과를 트위터로 시작할 정도로 SNS의 매력에 푹 빠져 있는 손 회장은 회사 운영부터 정치, TV 프로그램에 이르기까지 다방면의 사안에 의견을 밝히고, 소비자의 개선 요구나 제안을 수렴하여 회사 정책에 반영하는 등 친근하고 발 빠른 이미지를 구축하여 오피니언 리더로 재탄생했다.

안부를 전하고 일상을 공유하며 정보를 확산시키는 보편적인 커뮤니케이션 도구로 자리 잡은 SNS는 어느 언론 매체보다 강력한 힘을 가지고 있다. 140자 정도를 쓸 수 있는 트위터에 남긴 몇 마디가 1억 명에게 전달되는 데 걸리는 시간은 1주일밖에 되지 않는다고 한다. 일간지 기자의 눈에 띄기라도 하면 다음 날 조간신문에 실릴 수도 있다. '발 없는 말이 천리 간다'는 속담이 현실이 된 시대인 것이다.

SNS로 소통하며 재선에 성공한 오바마

버락 오바마 대통령은 2008년 대선 당시

SNS의 파급력을 전략적으로 활용해 경쟁자인 공화당의 존 매케인 후보를 누르고 당선될 수 있었다. 오바마의 트위터 팔로워는 11만 명 이상으로 고작 4,600명의 팔로워를 지닌 매케인과 24배나 차이가 났다. 페이스북에서도 오바마는 310만 명의 팬을 확보한 데 반해 매케인은 61만 명의 팬을 확보하는데 그쳤다. 페이스북 사용자들이 각각 후보의 페이지에 들어가 '좋아요' 버튼을 누르면, 오바마를 전혀 몰랐던 친구들도 그들의 활동을 보고 페이지를 찾아 들어가는 등 연쇄적인 호응이 일어나게 된다.

오바마의 당선은 SNS에서의 상호 작용과 영향력을 제대로 이해하고 최대한 활용한 결과라 해도 과언이 아니다. 2012년 재선 때도 오바마는 SNS를 통해 국민들과 직접 소통하며 유권자들에게 깊은 인상을 남겨 다시 한 번 백악관의 주인이 되었다. 트위터를 주축으로 페이스북, 유튜브 등 다양한 SNS를 활용해 소통의 범위를 넓혔고 흑인, 여성 등 소수자를 위한 맞춤 공약을 내걸어 큰 지지를 얻었다. 트위터에 '4년 더 (more 4 years)'라는 문구와 함께 영부인인 미셸 오바마를 안고 있는 사진을 올려 폭발적인 관심을 받기도 했다. '토크쇼의 여왕' 오프라 윈프리 등 SNS상에서 영향력 있는 인물의 공개적인 지지는 오바마가 더 많은 지지자를 끌어 모으는 데 힘을 보태주었다.

SNS는 널리 알려진 공인들뿐 아니라 개인의 셀프 브랜딩 및 경력 관리에도 절대적인 영향을 미치고 있다. 기업이 우수한 인재를 찾기 위해 SNS상에서 구직자들의 정보를 얻거나 공개 구인 공고를 내기도 하며, 좋은 일자리를 원하는 구직자가 자신의 역량을 어필하기 위한 포트폴리오로 SNS를 활용하기도 한다. 블로그, 트위터, 페이스북에 꾸준히 축적한 데이터는 자신이 어떤 목표를 갖고 어떤 경험과 전문성을 쌓아왔으며, 그 과정이 회사에 어떻게 기여할 수 있는지 설명하는 데 더할 나위 없이 유용하다.

또한 SNS는 창업을 위한 비즈니스 파트너, 협업을 위한 좋은 동료를 얻는 훌륭한 수단이기도 하다. 페이스북은 국내 도입 초창기, 지인 간의 친목 유지보다는 비즈니스를 목적으로 각광받았다. 사용자가 많지 않던 초기에 40~50대 오피니언 리더 층에서 먼저 페이스북을 사용하기 시작했고 싸이월드나 블로그를 쓰던 젊은 층이 이들을 따라 서비스에 가입하며 점차 확산된 것이다. 실명제로 운영되며 개인 정보를 선택적으로 공개할 수 있고 친구의 활동 및 성향을 한눈에 파악할 수 있는 페이스북은 비즈니스 제안을 위한 최적의 공간이다. 트위터는 140자의 단문으로 이루어지는 특성상 정보를 확산하기 쉬워 마케팅에 유리한 공간이라 할 수 있다.

이렇듯 SNS는 이미 우리 생활에서 빼놓을 수 없는 필수 조건이 되었다. 첨예한 공방이 오가는 정치적 이슈부터 기업의 동향, 일자리 정보, 비즈니스에 영감을 주는 최신 트렌드 및 우리 일상에 직결된 각종 문제에 이르기까지, 어떤 미디어보다 살아 숨쉬는 정보와 기회의 바다가 된 것이다.

약한 유대관계가
가져다주는
사회적 자본

'지구상의 모든 사람은 6명만 거치면 모두 이어져 있다'는 심리학자 스탠리 밀그램의 '6단계 분리 이론'을 들어보았을 것이다. 이 놀라운 이론은 특별한 소수의 사람들이 몇 단계를 거쳐 모든 사람들과 연결되어 있고, 나머지 사람들은 이들을 통해 세상과 연결될 수 있다는 것을 밝혀냈다. 이들은 곧 인간관계에서 우위를 선점하고 있는 사람, 즉 브리지 피플이라 할 수 있다. 인터넷의 발달로 개인의 인맥 네트워크가 점점 확장됨에 따라 여러 개인의 네트워크를 연결해주는 브리지 피플의 존재도 더욱 명확하게 드러나게 되었다.

SNS의 등장으로 6단계가 아니라 4단계만 거치면 서로 연결되어 있는 것을 확인할 수 있다고도 한다. 특히 같은 업종이나 비슷한 분야에서 일하고 있는 사람들의 경우에는 말 그대로 '한 다리만 걸치면' 상대를 속속들이 알 수 있게 된 것이다.

SNS에서는 브리지 피플의 영향력이나 네트워크를 한눈에 알 수 있도록 수치화, 시각화하기 때문에 누가 브리지 피플인지, 누가 이들을 통해 나와 연결될 수 있는지 손쉽게 파악할 수 있다.

페이스북이나 트위터에서 영향력 있는 사용자 순위만 보더라도 누가 네트워크의 중심에 있는지 명확히 보인다. 페이스북의 '당신이 알 수도 있는 사람'이나 트위터의 '팔로 추천' 알고리즘은 나의 기존 인맥이나 관심사를 분석하여 브리지 피플을 추천해준다. 따라서 디지털 세상에서 자신을 어필할 의지만 있다면 이들 브리지 피플을 통해 효율적으로 인맥을 넓혀갈 수 있다. 커리어에서 강력한 점프를 원하지만 인맥을 넓힐 시간과 여유가 없다면 더욱더 온라인상의 인맥 관리에 집중할 필요가 있다. 이미 수많은 사람들이 SNS을 통해 이직 및 취업에 성공하고 있기 때문이다.

약한 유대관계의 위력

SNS는 또한 사회적 자본을 극대화할 수 있는 최상의 도구다. 개인이 남들과의 경쟁에서 우위에 서려면 인적 자본과 사회적 자본이라는 두 가지 요소를 갖춰야 한다. 인적 자본은 지능, 재능, 리더십, 공적 지위 등을 포함하고 있으나 여러 사람의 이해관계가 얽혀 있는 조직에서는 효과적으로 쓰이지 못할 때가 많다. 반면 사회적 자본은 우리의 관계를 그 원천으로 한다.

사회적 자본에 대해 최초로 언급한 하버드대학 정치학과 로버트 퍼트넘(Robert Putnam) 교수는 사람들이 상호 이익을 위해 협력하게 만드는 신뢰, 규범, 네트워크 등 일체의 무형 자산을 사회적 자본이라 정의했다. 최근의 연구들은 사회적 자본이 아이디어, 지식, 기회, 명성 등의 강력한 원천으로써 인적 자본과 거의 동일한 정도의 영향력을 가진다고 밝혀냈다. 더 많은 사회적 자본을 가진 사람일수록 더 많은 정보를 축적하고, 더 높은 지위의 직업을 얻으며 더 많은 성공의 기회를 가질 수 있는 것이다.

우리가 SNS상에서 주고받는 일상적인 대화나 개인 정보는 유대 관계를 형성하며 이후 오프라인 관계로 이어질 가능성을 증가시킨다. 비즈니스 행사나 파티에서 이루어질 수 있는 가벼운 대화부터 회식 자리에서 주고받는 긴밀한 대화까지 어떤 성격의 소통이든 가능한 곳이 SNS다. 또 구인이나 구직 중일 때 SNS에서 직접 검색하거나 친구, 또는 브리지 피플을 통해 연락을 취할 수도 있다. 온라인에서 찾을 수 있는 인간관계는 직접적으로 만난 관계보다 심리적 부담이 적고 더 넓은 범위를 포괄하기 때문에 적임자를 찾을 가능성이 매우 높다. 나아가 SNS상의 프로필과 활동은 자신의 정보를 중계하는 성격을 갖기에 잠재적인 인맥이나 좋은 인상을 남겨주고 싶은 기존 인맥에게 지속적인 존재감을 심어줄 수 있다. 이 모든 상호작용이 궁극적으로 개인의 사회적 자본을 늘리는 데 기여한다.

그렇다면 사회적 자본은 가족이나 가까운 친구 등 친밀감이 강한 유대관계에서 많이 발생될까, 아니면 지인이나 만난지 얼마 안된 사람, 온라인 친구 등 약한 유대관계에서 많이 발생될까? 1970년대 이래로 진행된 일련의 사회학 연구를 보면 아이러니하게도 약한 유대관계가 가장 많은 양의 사회적 자본을 우리에게 가져다준다고 한다.

우리는 가족, 동료, 연인 등 가까운 사람일수록 내게 좋은 관계라고 인식하는 경향이 있다. 그러나 중요한 계약이나 일자리를 추천할 때, 경제적인 도움을 요청할 때는 오히려 가까운 사람들의 친분이 부담스러울 수 있다. 거절하거나 좋지 않은 결과가 되면 관계가 멀어질까 두렵기 때문에 섣불리 말을 꺼내기가 어려운 것이다. 반면 정서적 친밀감이나 과거의 이해관계가 없는 약한 유대관계는 그러한 부담이 훨씬 덜하다. 상대가 요청을 들어주지 않아도 관계가 어그러질 위험이 크지 않으며, 설사 어그러졌다 해도 자신에게 치명적인 해가 되는 것은 아니다.

내가 선택하는 인맥

온라인에서 형성되는 인간관계는 대부분 이름과 얼굴 정도만 알고 지내는 사이인 경우가 많다. 때로는 얼굴조차 모르는 사이일 때도 있다. 그러나 온라인상에서는 대개 본인의 단점보다는 장점을 부각시키고 남들에 대해서도 날선 비판은 삼가기 때문에 서로 좋은 감정을 가지기 쉽다. 공통의 관심사로 친구가 되었다면 더욱 긍정적인 인상을 가지게 될 것이다. 개인적인 친분이 없기 때문에 상대가 말하는 것 이상으로 프라이버시를 침해하지 않고, 따로 연락을 취하지 않아도 SNS를 통해 근황을 확인할 수 있기에 가끔은 절친한 친구보다 가깝게 느껴지기도 한다. 가입과 탈퇴가 자유로워 언제든 증발할 수 있다는 것이 온라인 인간관계의 맹점이기도 하지만 그만큼 부담 없이 소통 가능한 약한 유대를 얼마든지 만들 수 있다. SNS는 이러한 약한 유대관계를 가장 쉽고 다양하게 생성하는 역할을 하고 있다.

온라인상의 약한 유대관계가 가지는 또 하나의 특징이라면 관계 맺기의 속도가 무척이나 빠르다는 점이다. 오랫동안 공을 들이지 않아도 SNS상에 공개해 놓은 프로필을 확인해서 공통 관심사나 서로 아는 친구 등을 파악할 수 있기 때문이다. 기존 인맥이라면 상대가 어떤 성향인지 파악하는 데만 상당한 시간이 걸리게 마련이다. 그러나 SNS에서는 학력, 직장, 취미 등 상대가 제공하는 프로필 및 상대의 활동을 통해 서로를 파악하게 된다. SNS상의 활동은 상대의 기호나 취향을 적나라하게 드러내주기 때문에 자신과 얼마나 코드가 맞는지, 그렇지 않은지를 직관적으로 판별할 수 있게 해준다.

예를 들어 좋아하는 가수의 페이스북 팬페이지에 올라온 새로운 소식에 댓글을 달다가 나와 비슷한 감상을 이미 남긴 사람을 보았다고 하자. 그 사람과 나 사이에는 아무런 연결점이 없지만 같은 가수를 좋아하고, 그에 대해 같은 반응을 보였다는 점만으로도 서로 긍정적인 인상을 갖게 되는 것이다. 상대를 더 알고 싶으면 페이스북 프로필이나 최근의 활동, 공통의 친구가 있는지 확인해보면 된다.

오프라인에서 알게 된 사람에 대해서도 같은 방법을 적용할 수 있다. 지난 주 열린 비즈니스 관련 행사에서 만난 사람과 명함을 주고받으며 짧은 대화를 나누었다면, 다시 만날 계기가 없더라도 SNS를 통해 관계를 이어나갈 수 있다. SNS에 가입되어 있는지 검색해보고, 만약 상대가 계정을 가지고 있다면 관계 유지에 필요한 정보를 미리 얻을 수 있는 것이다. 온라인으로 관계를 맺을 때는 기존 인맥에 비해 심리적 장벽을 현저히 낮추기 때문에 먼저 가볍게 인사를 건네며 호감을 표시할 수도 있다.

이렇듯 온라인, 특히 SNS를 통한 인간관계는 다양한 장점을 가지고 있으며 이제는 없어서는 안 될 새로운 인맥 트렌드로 확고하게 자리 잡았다. 특정 집단이 주는 소속감에서 벗어나 친교의 범위를 크게 확장시켰다는 점에서 혁신적이라고까지 표현할 수 있다. 물론 이러한 인간관계에 긍정적인 부분만 있는 것은 아니나, 오프라인의 인맥 개념에 의해 보충되고 온라인에서의 매너를 충실히 지킨다면 좋은 관계를 지속할 수 있을 것이다.

SNS에서
'나'를 마케팅하는 법

우리가 알고 있는 기업 이름을 페이스북이나 트위터의 검색
창에 입력하면 거의 모든 브랜드가 계정을 가지고 있다. 새로
운 정보를 얼마나 자주 업데이트하는지, 소비자의 의견에 얼
마나 빠르게 대응하는지, 어조와 단어는 어떠한지, 프로필 이
미지와 소개는 적절한지 살펴보면 각 기업들이 해당 브랜드
의 SNS 마케팅에 얼마나 노력을 기울이고 있는지 알 수 있다.

SNS를 통해 기업에 직접적으로 의견을 보내거나 기업
SNS 관리자의 자잘한 실수를 지적하는 등 소비자들은 SNS
상에서의 브랜드 이미지 관리를 중요하게 생각한다. 때로는

온라인에서의 평판이 오프라인으로 확장되어 매출에 큰 영향을 미치기도 한다.

그런데 SNS에서 브랜드 이미지를 관리하는 것은 비단 기업만의 문제는 아니다. SNS는 개인의 셀프 브랜드를 구축할 수 있는 가장 좋은 기회 공간이기도 하다. 매스미디어에 의존해야 했던 시대에는 누군가가 나를 알아보고 발굴해줘야 했다. 아니면 내 분야에서 주목할 만한 성공을 거두거나 미디어에 노출될 만한 이벤트가 있어야 했다. 하지만 지금은 SNS의 미디어 파워를 활용해 누구나 좀 더 많은 사람들에게 자신을 알릴 수 있게 되었다.

따라서 셀프 브랜딩에서 가장 중요한 포인트인 자신만의 '특별한 것(Something Special)'을 효과적으로 어필할 줄 아는 매너와 끈기만 있다면 SNS의 전광석화와 같은 파급력으로 '나'를 마케팅할 수 있다. 이제 자신이 가지고 있는 여러 가지 장점과 성격, 그리고 능력을 온라인에서 어떻게 보여줄 것인지, 얼마나 '매력적인 캐릭터'로 보일 수 있게 하는지가 관건이다. 이는 오프라인에서의 셀프 브랜딩과 동일한 프로세스를 거친다. 즉 '나는 무엇을 원하는가?'와 '나는 타인에게 어떻게 보이길 원하는가?', '나는 타인에게 어떻게 보여지고 있는가?',

'내가 할 수 있는 것과 할 수 없는 것은 무엇인가?'를 스스로에게 물은 뒤 '나'라는 브랜드를 간결한 프로필로 압축하는 과정인 것이다.

중요한 것은 실제로 얼굴을 맞대지 않는 관계라고 해서 거짓된 인격을 만들어내서는 안 된다는 점이다. 우리는 다른 사람의 평가를 통해 자신을 인식하는 일에 익숙하기 때문에 호감을 사기 위해 '보여주고 싶은 나'를 억지로 만들어내기도 한다. 자기애와 인정받고 싶은 욕구는 실제보다 잘난 캐릭터로 스스로를 부풀리게 만든다. 또한 SNS에서는 보정된 사진이나 영상 등으로 그럴듯한 나를 연출하기 쉽고, 다른 사람들의 피드백도 빠르기 때문에 여기에 현혹되면 실제의 나와는 아주 거리가 먼 캐릭터가 만들어질 수밖에 없다. 서로 앞 다투어 연출된 자신을 전시하는 SNS가 상대적 박탈감을 불러일으킨다는 비판도 있다.

그렇기에 SNS상의 셀프 브랜딩에서 '나는 무엇을 원하는가?'와 '내가 할 수 있는 것과 할 수 없는 것은 무엇인가?'의 질문이 더욱 중요해지는 것이다. 우리가 찾아볼 수 있는 성공적인 온라인 셀프 브랜딩 사례는 대개 SNS의 미디어 파워를 활용해 무엇을 얻고자 하는지, SNS를 통해 다른 사람들에게 전달하고 싶은 것은 무엇인지, 실제 이미지의 어떤 것들을 선택적으로 부각시킬 것인지 성찰한 끝에 이루어졌다. 여기 성공적인 셀프 브랜딩이란 어떠해야 하며, SNS가 셀프 브랜딩에 얼마나 최적화된 공간인지 잘 보여주는 사례가 있다.

SNS에 올린 글이 나의 이력서가 된다

미국의 사업가 게리 바이너척(Gary Vaynerch -uk)은 아버지와 함께 작은 와인 판매점을 운영하다 2006년 2월 '와인 라이브러리 TV'라는 블로그를 열었다. 와인과 관련된 영상을 매주 업데이트한 그는 믿을 수 있는 와인 전문가로서 수십만 명의 잠재 고객에게 콘텐츠를 유통시키는 데 성공했다. 1년에 500만 달러 정도의 규모였던 그의 사업체는 불과 3년 만에 10배의 성장을 기록하며 미국 전 지역을 대상으로 하는 대형 와인 판매점으로 확장되었다. 현재 그는 디지털 컨설팅 에이전시인 '바이너미디어'를 설립하여 〈포춘〉지 선정 500대 기업들과 협력해 소셜 네트워크 전략과 콘텐츠를 개발 중이다.

그는 처음 온라인 활동을 시작할 때 여러 SNS 중 어떤 매체를 주로 활용할 것인지, 어떤 캐릭터로 어필할 것인지, 무엇을 주된 콘텐츠로 삼을 것인지, 실제의 이미지를 얼마나 반영할 것인지 면밀히 체크하는 신중함을 보였다. 바로 자신이 얻고자 하는 바와 다른 사람들에게 줄 수 있는 것이 무엇인지 명확한 답을 갖고 시작했던 것이다.

콘텐츠의 가치와 진정성을 무기로 셀프 브랜딩 및 사업에 성공한 그는 저서 『크러시 잇!(Crush it!)』에서 셀프 브랜딩이란 자신이 하는 모든 일을 매순간 이력서에 반영하는 것과 같다고 말한 바 있다. 페이스북에 올린 마지막 덧글이나 가장 최근의 블로그 글 등이 당신의 이력서이며, 만약 해고를 당했더라도 이러한 것들로 꾸준히 셀프 브랜드를 구축해왔다면 당신의 위치는 크게 바뀔 것이라고 조언한다.

퍼스널 브랜딩의 최고 권위자로 불리는 댄 쇼벨(Dan Schawbel) 역시 SNS를 통해 개인의 브랜드를 창조할 수 있다고 강조했다. 오프라인에서 자신을 홍보하려면 많은 비용이 들어가지만 SNS에서 셀프 브랜딩을 위해 요구하는 비용은 꾸준함뿐이다. 내가 무엇을 얻고자 하는지, 타인에게 무엇을 제공할수 있는지 파악한 후 매일 시간을 내어 조금씩 콘텐츠를 축적하기만 하면 된다.

SNS에서 자신의 브랜드를 확고하게 구축해 놓고 나면 누구도 빼앗아갈 수 없는 자산이 된다. 브랜드를 활용해 비즈니스를 하든, 또는 그 비즈니스에 실패하든 브랜드는 남아 다른 일을 시작할 수 있는 기반이 되어준다. 이는 평생직장의 시대가 가고 끝없는 변화를 요구하는 비즈니스 환경에서 어떤 것보다 직업적인 안전을 보장해줄 수 있을 것이다.

이제 SNS를 통해 성공적으로 자신을 브랜드화한 사례를 살펴볼 차례다. 오프라인에서뿐 아니라 온라인에서도 훌륭하게 셀프 브랜딩을 유지해나가는 인물들로부터 자신을 어필하기 위해 SNS을 어떻게 활용해야 할지 배울 수 있을 것이다.

SNS 고수,
이찬진 포티스 대표이사

'한글과컴퓨터'와 '드림위즈'를 만든 1세대 벤처 기업인 이찬진 포티스 대표는 SNS 활용에 있어서도 누구보다 빠르고 활발하게 움직인다. 2008년 트위터에 처음 가입해 기업인들 중 가장 많은, 41만 명의 팔로워를 보유하고 있다. 트위터의 사용을 편리하게 해주는 서비스인 '트윗케이알(twtkr.com)'을 개발하여 제공하기도 했다. 페이스북에서도 트위터 못지않게 적극적으로 소통하고 있어 현재 그의 페이스북 페이지의 구독자 수는 12만 명이 넘는다.

트위터를 시작한 이래 5만 건 이상의 트윗을 남긴 이 대표의 트위터 프로필에는 "창조적 IT의 시대입니다. 이제는 우리가 힘을 모아 세상을 바꿀 수도 있습니다."라는 멘트와 함께 푸근하게 미소 짓고 있는 사진이 걸려 있다. 오프라인에서의 인지도도 있지만, 때로 하루에 수십 번 이상의 트윗을 할 만큼 의욕적인 활동과 친근한 이미지가 많은 팔로워를 거느리게 된 핵심 이유일 것이다.

그의 트윗은 IT 업계의 새로운 소식 및 최근 동향에 대한 의견이 주를 이루고 있어 전문가다운 면모를 보여준다. 때로는 트위터의 설문조사 기능을 이용해 어느 회사의 스마트 기기를 선호하는지, 사용한다면 어떤 기기를 보유하고 있는지 등을 조사해 업무에 반영하기도 한다. 신상 스마트 기기가 나오는 족족 사용기를 올리는 평범한 '얼리 어댑터'의 모습도 보여준다.

소탈하고 프로페셔널한 캐릭터로 오프라인에서의 긍정적인 이미지를 그대로 옮겨 온 '트위터의 달인' 이 대표는 '이찬진의 트위터 캠페인' 8계명을 제시하여 SNS에서의 매너에 대해 강조하기도 했다.

이찬진의 트위터 캠페인 8계명

8계명 중 첫 번째는 가능한 한 이름은 한글로 쓰고, 프로필 이미지는 본인의 사진을 써야 진짜 사람과 대화하는 느낌이 든다는 것이다.

트위터는 실명 기반의 페이스북과 달리 익명으로 활동할 수 있기 때문에 본인의 실제 정체성과 무관한 캐릭터를 만들어낼 수 있는데, 이 대표는 이를 두고 가명 쓰면서 얼굴 가리고 딴 데 보고 이야기하는 것 같다며 정직성을 간과하지 말아야 한다고 지적했다.

그는 소셜 네트워크 관련 강연에서도 소통의 기본은 솔직함과 진실됨이라고 누차 강조한 바 있다. 포장을 위해 화려하게 꾸미게 되면 결국 핵심을 놓치고 오래 가지 못하게 된다는 것이다. 때로는 자존심 때문에 과장하거나 거짓말을 하게 될 때도 있지만, 자존심까지 내려놓을 수 있는 진실됨은 결국 끝까지 남아 다른 사람의 공감을 받게 된다는 것이 그의 철학이다.

두 번째는 어떤 이유로든 마음에 안 들거나 구독이 불필요해진 경우에는 조용히 아무 말 없이 팔로를 취소하면 좋겠다는 것. 나는 당신을 더 이상 팔로하지 않겠다는 말을 굳이 전하여 상대의 심기를 불편하게 만드는 경우가 없도록 해야 한다는 말이다.

관용적인 듯 냉정한 SNS 공간에서 자유롭게 유영하는 법

세 번째로는 내가 팔로했는데 상대가 나를 팔로하지 않는다고 기분 나빠하지 말자는 것이다. 내가 상대에게 관심이 있다고 상대도 내게 관심이 있기를 바라는 건 조금 억지라는 게 그의 오랜 트위터 생활에서 나온 결론이다. 이는 유명 인사나 꾸준한 SNS 활동으로 다수의 팬을 확보한 사람이라면 누구라도 공감할 만한 지적이다. 트위터에서 팔로는 페이스북에서의 친구 신청과 달리, 친구 수락을 하지 않아도 일방적인 구독이 가능하기 때문에 상대가 '맞팔로'하지 않을 경우 자신에게 관심이 없다고 오해하기 쉽다. 트위터의 팔로는 상호 친구 맺기가 아닌 구독의 개념이라는 점을 인지할 필요가 있다.

그의 네 번째 계명은 트위터에는 나보다 고수인 사람이 얼마든지 있다고 생각하고 늘 조심하라는 것이다. 그 고수가 지금 내 옆에서 나를 보고 있다고 가정하고 신중하게 발언해야 하며, 다른 사람의 의견을 반박하려면 그 사람의 생각이 옳다고 가정한 후 충분히 검토하고 해야 한다는 것. 누구나 자유롭게 의견을 피력할 수 있는 SNS에서는 그만큼 논쟁이 일어나기도 쉽다. 이 때 서로의 지식 과시를 목적으로 말꼬리를 붙잡다 보면 합의점을 찾기도 어렵고 그동안 쌓아온 이미지도 나빠지게 마련이다. 이 대표는 공감받기 위해 자신의 이야기를 풀어놓는 '스토리텔링(Storytelling)'만큼 다른 사람의 이야기를 경청하는 '스토리히어링(Storyhearing)'을 강조한다. 열린 마음으로 상대의 이야기를 잘 듣고 그에 대한 답변 속에서 자신의 이야기를 찾아가는 것이 바로 '스토리텔링'이기도 하다는 것이다.

다섯 번째 계명 역시 SNS를 시작하는 사람이라면 반드시 기억해야 할 덕목인데, 이 대표는 여기에 '인생의 철칙'이자 '안 지키면 사고 난다'는 경고를 덧붙였다. 즉 다른 사람의 '의견'에 대해서는 얼마든지 비판하고 비난해도 좋지만 그 '사람'은 공격하거나 언급하면 안 된다는 점이다. '사람'과 '의견'을 혼동해버리면 인신공격으로 번질 수 있다는 것은 오프라인에서도 반드시 유념해야 할 사항이다.

여섯 번째는 농담도 상대를 파악하기 전에는 하지 않는 게 좋다는 것이다. 자신에게는 농담일 수 있지만 상대에게는 썰렁하거나 비수가 될 수도 있기 때문이다. 교양인이라면 나이 어린 사람에게도 먼저 존댓말을 쓰는 것처럼, SNS상에서도 친해지기 전에는 정중하고 예의바르게 말을 건네는 것이 기본 매너다.

일곱 번째로는 트위터에서는 DM기능(개인 메세지 보내기)을 통해 '뒷담'이 가능하므로 항상 조심하자는 것, 마지막 여덟 번째 계명으로는 이렇게 '뒷담'으로 따돌려지더라도 잘못을 뉘우치면 새로운 계정으로 다시금 활동을 시작할 수 있다는 것을 들었다.

SNS는 준엄하고 냉정한 공간이지만 그만큼 관용적인 세계이기도 하다는 이 대표의 통찰이 빛나는 지점이다. 소셜 네트워크가 등장하기 전부터 온라인을 통한 소통에 잔뼈가 굵은 이 대표의 여덟 가지 계명은 트위터뿐 아니라 페이스북, 인스타그램 등 어떤 서비스에서도 통용될 수 있는 원칙이므로 기억해두면 좋을 것이다.

온라인 내공 9단,
정태영 현대카드 부회장

이찬진 대표를 이어 트위터 팔로워 수 선두를 달리는 기업인은 바로 정태영 현대카드 부회장이다. 현대카드, 현대캐피탈, 현대커머셜을 지휘하며 혁신적인 경영 리더십을 보여주고 있는 정태영 회장은 특유의 진솔한 화법과 젊은 감각으로 20만 명 이상의 팔로워와 소통하고 있다. 개인 SNS를 마케팅 플랫폼삼아 적극적으로 활용하고 있는 기업인이기도 하다. 해외 최정상급 뮤지션을 초청하는 초대형 공연 프로젝트인 '슈퍼콘서트', 각 종목의 세계 탑 랭킹 선수들이 출전하는 스포츠 대회인 '슈퍼매치', 다양한 장르의 문화 예술 영역을 아우르는 공연 및 전시 행사인 '컬쳐 프로젝트' 등으로 젊은 소비자층을 사로잡는 데 성공한 현대카드의 수장답게 그를 팔로하는 사람들 중에는 문화 예술계의 영향력 있는 청년들이 많다. 2010년 트위터에 가입한 이래 1만 5천 건 이상의 트윗을 남긴 정 회장은 페이스북에서도 7만 7천 명 이상의 구독자를 보유하고 있으며, 최근에는 페이스북 활동에 더 집중하고 있다.

SNS에서 기업인의 한 마디는 회사 이미지에 직결되기 때문에 대부분의 기업인은 가치 판단을 유보하고 정보 제공에 집중한다. 그러나 정 회장은 그의 독특한 경영 스타일만큼 SNS에서도 자신의 소신을 피력하는 데 거침이 없는 편이다. 현대카드에서 진행한 여러 이벤트의 뒷이야기나 개인적인 감상, 회사에 관련된 중요한 결정까지도 솔직하게 털어놓는 정 회장의 탈권위적이고 소통 지향적인 면모가 젊은 층에게 인기를 누리는 요인이기도 하다.

젊은 세대는 온라인 소통이 공기처럼 익숙하기 때문에 가식적인 행보나 보여주기 위한 이미지를 대단히 민감하게 간파한다. 솔직한 모습을 보여주면 보여줄수록 이들과의 친밀도는 높아지는 것이다. 정 회장은 일과에 관련된 소회나 개인적인 단상까지도 일기처럼 적어내려가기에 그의 SNS를 보고 있으면 마치 친구의 페이스북 '담벼락'을 들여다보는 듯한 기분이 든다.

위트와 통찰 사이

최근 정 회장은 페이스북에 '현대카드와 현대캐피탈의 점심시간 폐지'라는 주제로 글을 올리기도 했는데, "정오부터 오후 1시까지라는 획일적인 점심시간을 없애고 언제나 자유롭게 식사를 하거나 쉬도록 제도를 변경"했다고 밝혔다. 함께 움직이는 공장이라면 모를까 사무직이 동일한 식사 시간에 우르르 나갈 필요가 없다며, 6개의 사내 식당은 교대 운영하도록 오픈 시간을 변경하고 직원 대상 헬스클럽은 종일 운영하는 것으로 파격적인 방침을 세웠다. "근태 중심에서 업적 중심 관리로 서서히 이동하는 과정"이라는 설명을 덧붙인 이 글은 게시된 지 1시간 만에 '좋아요'의 클릭 수가 2000개를 돌파하고 수백 개의 공유와 댓글로 공감을 받았다.

또한 정 회장은 회사에 '뉴 오피스 룩(New Office Look)' 제도를 도입하며, 개인의 취향 및 업무의 효율성을 고려해 캐주

얼 복장도 허용한 바 있다. 이에 대해서도 "복장 규정을 고친 지 4개월. 시작하기 전에는 캐주얼 복장이 직원들의 또 다른 부담을 준다, 업무 환경이 흐트러질 수 있다 등 여러 걱정이 있었지만 일단 시작해서 익숙해지자 누구도 옛날로 돌아가고 싶어 하지 않는다"는 감상을 페이스북에 남겼다.

그는 또 파워포인트(PPT)를 금지시키는 '제로(Zero) PPT 캠페인'을 시행하기도 했다. 업무의 본질을 떠나 PPT를 제작하는 데 들어가는 시간과 비용을 줄여 효율을 높이자는 취지에서였다. 페이스북에 "회의 시간이 짧아지고 논의가 핵심에 집중했으며 연간 5천만 장에 달하던 인쇄용지 소모가 대폭 줄었다"며 만족을 표시하기도 했다. 'PPT 금지령'을 내렸더니 "사람들이 더 지적으로 보인다"는 유머러스한 멘트는 그의 인간적인 매력을 잘 보여주는 부분이다.

사람들이 쓴 댓글에 다시 꼼꼼한 댓글을 달아 진심으로 소통하고 있다는 느낌을 심어주는 것도 정 회장의 특징이다. 개중에는 다소 공격적인 반응도 있으나 그는 한결같이 차분한 대응을 보여준다. 'PPT 금지령'을 두고 회장님 보고용 자료를 추가로 만들어서 일만 늘리는 것은 아닌지 궁금하다는 반응에 "그러기는 힘들다. 모든 직원들의 컴퓨터에서 PPT의 설정을 '읽기 전용'으로 바꾸어 놓았다"고 속시원히 해명하는 그의 댓글에 사람들이 찬사를 보내기도 했다. 회사 내적으로 민감한 사안에 대해서도 투명성과 진정성을 잃지 않는 태도는 보통의 재벌가 자제, '금수저'를 문 사업가들의 베일에 싸인 이미지와 차별화되는 정 회장만의 아이덴티티로 자리 잡았다.

또한 정 회장은 SNS에 전문 경영인으로서의 인사이트를 많이 남기고 있어 경영이나 마케팅 전반에 대한 시야를 넓혀 주기도 한다. 그가 최근 페이스북에 남긴 글 중 백미는 이것이다.

"당신에게 첨단 성능의 비행기가 있다고 하자. 그런데 지상에 활주로가 없다면 아무 쓸모가 없다. 마케팅이란 고객의 마인드에 당신의 비행기가 이착륙할 활주로를 만드는 일이다. 많은 기업이 활주로에는 관심이 없고 비행기의 성능에만 집착한다."

소비자의 취향에 최적화된 '감성 마케팅'을 선보여 업계의 선두주자가 된 현대카드의 수장다운 경영 철학이다. "나는 내가 스스로 늙기 전까지는 늙지 않는다고 믿는다. 젊은 세대가 아직 십 년의 스펙트럼으로 세상을 볼 때 구세대는 삼십 년의 스펙트럼으로 세상을 봐야지, 오래전의 십 년 스펙트럼으로 세상을 보고 있으면 너무 불리하지 않나"는 단상에서도 끊임없이 혁신을 거듭하는 기업인으로서의 자세를 볼 수 있다.

그는 업무와 관련된 화제 외에 일상을 스스럼없이 공개하여 대중과의 친밀도를 높이기도 한다. 삼겹살에 소주를 곁들인 소박한 술상이나 잦은 출장으로 낡은 가방 사진을 올리고, 종일 회의와 보고에 시달리다 저녁을 라면으로 때우며 혼자 밀린 일 처리 중이라는 시시콜콜한 일기를 써 '월급쟁이'들의 공감을 불러일으킨다. 금요일은 '현대카드의 취급액이 올라가는 시간'이라며 너스레를 떨고, 회사 상품을 직접적으로 홍보할 때면 '생계형 의도'로 올리는 글이라 농담하는 등 유머를 잃지 않는 것도 그의 특징이다.

이처럼 정 회장은 인간적이고 솔직한 매력을 드러내되 전문가의 역량 또한 충분히 보여주는 방식으로 SNS에서 '소셜리더'로서의 입지를 굳혔다. 중립적이고 객관적인 목소리 대신 스스로의 진솔한 목소리를 들려주는 그만의 스타일은 탄탄한 셀프 브랜드이자 풍부한 콘텐츠에서 나오는 자신감 때문이라 해도 과언이 아니다. 온라인에서도 '내공'이 있어야 일관된 이미지와 신뢰감을 심어줄 수 있다. 대중의 진정한 공감은 꾸며내지 않은 그 '내공'이 불러오는 것이다.

겸손한 멘토,
김영세 이노디자인 대표

한국 디자인계의 스타인 김영세 이노디자인 대표는 9만 9천여 명의 팔로워와 소통 중인 '파워 트위터리안'이다. 2009년 트위터에 입문하여 2만 건 이상의 트윗을 남겼으며, 이 가운데 인상 깊은 트윗은 따로 '어록'이 만들어질 정도로 SNS에서 멘토 역할을 톡톡히 하고 있다. 현재 상명대학교 석좌교수로 재직 중인 그는 교육자이면서 기업인답게 정보 전달과 업계에 대한 비전을 140자의 단문으로 명료히 제시해주고 있다. 특히 디자인과 IT 업계, 세계 경제 동향에 대한 통찰이 주를 이루고 있으며 이른바 '트친(트위터 친구)'과의 교류에도 적극적이다.

그는 모 잡지와의 인터뷰에서 SNS를 하는 이유에 대해 '소통을 통해 생각의 틀을 깨기 위해'라고 답한 바 있다. '트친'들이 던진 말이나 공유해주는 정보를 통해 세상에 대한 편견이 깨지고 새로운 뉴스를 많이 흡수할 수 있다는 것이 그의 지론이다. 4권의 저서를 발간하고 기업 CEO를 대상으로 경영 철학과 아이디어를 공유하는 행사인 '기업가정신콘서트'를 7회째 열고 있는 김 대표의 지치지 않는 열정은 SNS에서도 고스란히 느껴진다. 젊은 디자이너가 갖춰야 할 덕목에 대해 꾸준히 언급하거나, 기업이 창의적인 인재에게 협업의 기회를 더 많이 주어야 한다는 주장은 디지털 시대의 멘토로서 그의 입지를 강화해주었다.

특히 김 대표는 군더더기를 제거하고 심플한 핵심을 남겨두는 일에 익숙한 디자이너답게 단문 쓰기에 능숙하다. 이것은 SNS에서 대단히 훌륭한 강점이라 할 수 있다. 트위터는 140자의 글자 수 제한이 있기 때문에 핵심을 압축하고 단어를 선별하는 능력이 무엇보다 중요하다. 이는 페이스북이나 기타 서비스에서도 마찬가지다. 갈수록 이미지나 영상 중심으로 플랫폼이 변화하는 것도 정보의 압축성이 텍스트보다 낮기 때문이다. 그의 트위터에는 짧지만 의미 있는 경구들이 많다.

"비틀즈는 우리들에게 음악을 남겼고, 피카소는 우리들에게 그림을 남겼다. 그리고 잡스는 사과를 남겼다. 당신은 무엇을 남길 것인가?", "번쩍이는 아이디어가 오리지널이 아니고, 깊이 빠져들었을 때 어렵사리 나오는 그 한 방울이 오리지널이다.", "공간을 디자인할 때 공간에 담을 물질보다 소중한 것은 공간에서 보낼 시간이다." 등은 뛰어난 크리에이터로서 그의 경륜을 느낄 수 있게 해준다.

디자인 구루의 균형감각

또한 그는 항상 다른 이와의 소통을 중요시한다. 그의 트윗은 절반 정도가 다른 사람의 말을 리트위트(공유)하거나 거기에 동의하는 의견을 첨부한 것이다. 세로 모양 휴대폰이 대세이던 시절 과감한 '가로 본능' 휴대폰을 디자인하고, 문이 양쪽으로 열리는 냉장고나 목걸이 타입 MP3 등 수많은 히트 상품을 내놓았던 세계적인 디자이너가 아직도 남의 말에 더 귀를 기울인다는 것은 놀라운 일이 아닐 수 없다.

'디자인 리더'로 불리며 누구에게든 먼저 의견을 제시할 수 있는 위치에 오른 김 대표가 트위터에서 보여주는 모습은 겸손하기 그지없다. 자신의 트윗에 누군가 의견을 보내면 공유하거나 답을 보내는 배려를 잊지 않는다. 그가 쓴 용어의 정의를 묻는 질문이나 참고 서적에 대해서도 놓치지 않고 친절히 가르쳐주곤 한다. SNS는 기본적으로 다른 사람과 소통하기 위한 공간이라는 점을 늘 인지하고 있는 것이다. 누구나 쉽게 1인 미디어가 될 수 있는 공간에서 자아도취에 빠지지 않기란 쉽지 않은 법인데, 김 대표는 이미 유명인임에도 불구하고 균형감각을 잃지 않고 있다.

SNS는 서비스별로 조금씩 다르나 대체로 20~30대에 사용자층이 집중되어 있다. 이들과 소통하려면 내 이야기를 많이 하는 것보다 그들의 말을 먼저 들어주고, 그들이 원하는 답변을 들려주는 자세가 중요하다. 자칫 훈계나 설교가 되지 않기 위해서는 경청을 우선해야 하는 것이다.

김 대표처럼 '겸손한 멘토'의 이미지는 남의 말을 잘 듣고 핵심을 간결하게 말하는 데서 나온다. 또한 언제 어디서건 새로운 정보를 업데이트하고 공유하려는 노력이 뒷받침되어야 할 것이다.

전방위적 관심사 속 균형잡기,
김현유 구글아시아 상무

1976년생의 젊은 기업인인 김현유 구글아시아 사업제휴 총괄 상무는 탁월한 국제 감각의 소유자로서 누구보다 폭넓게 소통의 창구를 열어두고 있다. 실리콘밸리의 구글 본사에서 근무하고 여러 스타트업 회사의 고문을 맡았던 IT 리더답게 가장 많은 소셜 네트워크를 넘나드는 기업인 중 한 명이기도 하다.

블로그, 페이스북, 트위터, 인스타그램으로도 모자라 공식 사이트까지 마련해 인터뷰 기사, 방송 영상, 직접 쓴 책, 유명 인사들과 함께한 사진을 차곡차곡 정리해두었다. 실제로 그는 여러 강연을 통해 SNS와 같은 소통과 공유의 장이 얼마나 중요한지 늘 강조한다. 여러 채널을 골고루 업데이트하는 스타일의 김 상무는 2008년에 시작한 트위터에서 4만 5천여 명의 팔로워를 확보하고 있다. 그의 페이스북 구독자는 3천여 명, 요즘 대세로 떠오르는 서비스인 인스타그램의 팔로워는 4천여 명이다.

그가 SNS에 올리는 콘텐츠는 앞서 소개한 다른 기업인들과 확연히 다르다. 신기술, 신제품 등 업계의 동향과 그에 대한 견해를 피력한다는 점에서는 비슷하나 주로 올리는 콘텐츠는 지극히 개인적인 기록들이다. 출장지나 여행지에서의 근황, 딸과 함께 찍은 사진, 최신 영화에 대한 감상, 맛있는 음식이나 맛집에 다녀온 후기 등 얼핏 보면 친구의 페이스북처럼 평범하기 그지없다.

그가 적극적으로 활용하는 인스타그램은 무제한으로 인맥을 맺을 수 있는 개방형 SNS인 트위터나 페이스북과 달리 소규모의 '좁고 깊은' 네트워킹을 지향한다. 소수의 인원과 교류하는 만큼 사적인 기록도 공개하기 쉽다. 또한 기본 구조가 사진을 찍고 필터를 적용하는 형태이다 보니 사진이나 영상 등 시각 이미지 위주로 구성된다. 기호 '#'과 키워드를 붙여 써 SNS에서 특정 단어를 쉽게 검색할 수 있도록 하는 '해시태그'

의 사용 빈도가 가장 높은 공간도 인스타그램이다. 김 상무의 인스타그램 계정은 독특한 디지털 필터 효과를 적용한 사진과 해시태그를 능숙하게 활용한 코멘트가 어우러져 파워 '인스타그래머'로 불리기에 손색이 없다.

여러 서비스를 자유자재로 넘나드는 그이기에 인스타그램에 올린 콘텐츠를 트위터 계정에 연동시켜 두 공간에서 동시에 볼 수 있도록 하기도 한다. 또한 페이스북에서도 해시태그를 활용해 특정 단어 검색 시 본인의 콘텐츠가 노출될 수 있도록 하고 있다. 해시태그를 누르면 특정 단어와 관련된 콘텐츠를 한꺼번에 볼 수 있어, 이를 잘 활용한다는 것은 같은 관심사를 가진 사람들끼리 묶는 '관심사' 소셜 네트워크의 대표적인 기능을 충분히 이해하고 있다는 방증이다. 이렇게 SNS를 얼마나 잘 활용하는지 보여주는 것도 온라인에서 진취적이고 긍정적인 이미지를 형성하는 데 효과적이다. 특히 SNS를 주로 사용하는 젊은 세대에게 동질감과 친밀감을 심어주기에 좋은 전략이라 할 수 있다.

출장 전문가의 여행 노하우 공유하기

김 상무는 거창한 이야기를 하기보다 소소한 일상을 드러내며 그 안에서 통찰을 전달하는 스타일이다. 이를테면 9개 도시로 출장을 다녀온 근황을 알리며 출장 및 여행 노하우를 공유하는 식이다.

일정에 우선순위를 정해두라, 비행기에 앉아 있는 시간을 잘 활용하라, 여행 일정을 관리해주는 인터넷 서비스를 활용하라는 팁에 그의 팔로워들은 수백 개의 '좋아요' 버튼을 눌러 호응했다. 발렛 파킹을 맡긴 가게에서 생수를 준비해 운전석에 둔 사진을 올리며 무엇을 하든 디테일을 고민할 때 목표를 이룰 수 있다는 깨달음을 전하기도 한다. 딸에게 책을 읽어주는 사진 밑에 쓴 "기술이 아무리 빠르게 발전해도 절대 대체하지는 못하는 것들이 있다고 믿는다."는 페이스북 글에서는 따뜻한 인간미가 묻어난다.

특히 그가 올리는 산뜻하고 세련된 사진은 감성과 상상력을 자극하기에 충분하다. 세계를 누비는 비즈니스맨이 전하는 각국의 이색적인 풍경이 대리만족을 안겨주기도 한다. 그렇게 바쁜 와중에도 일상의 사소한 풍경을 놓치지 않는다는 점은 수시로 주변 사진을 찍어 SNS에 올리는 우리와 다를 바 없다는 친근감을 준다.

그러면서도 지나친 자기 과시로 흐르지 않도록 적절한 균형점을 찾기에 부담스럽지 않다. 실제로 그는 SNS 활용에 대해 "자기 PR과 재수없음의 경계를 잘 조절하는 것이 중요하다."고 조언했다. 똑같은 내용도 어떤 사람은 축하해줄 테고 어떤 사람은 시기할 테니 모든 사람을 만족시켜줄 수 없다는 것을 인지하고 소신껏 수위 조절을 하라는 말이다. 또한 이른바 '안티' 집단은 건강한 토론을 저해하는 비겁한 사람들이기에 깔끔히 무시하고 앞으로 나아가라고 충고한다. SNS에서 필연적으로 부딪치게 될 감정싸움에 대해 미리 새겨둘 만한 이야기가 아닐 수 없다.

그들의 공통된
SNS 셀프 브랜딩 전략

지금까지 총 4명의 기업인들의 SNS 활동에 대해 살펴보았다. 각 기업인마다 선호하는 소통 방식은 달랐으나 SNS 역시 인간관계의 연장이기에 상대의 마음을 얻기 위한 노력은 크게 다르지 않았다.

스마트 기기를 통한 교류라 해도 먼저 마음이 움직여야 관심이 생기고 관계가 형성되기 때문이다. 이들에게서 보이는 공통적인 SNS 셀프 브랜딩 전략은 다음과 같다.

선의 – 베푸는 자에게 관심이 생긴다

　　　　　　가장 단순해 보이지만 가장 핵심이 되는 요소다. SNS를 통한 셀프 브랜딩에서 없어서는 안 될 초석이라 해도 과언이 아니다. SNS는 인적 네트워크를 관리하기 위한 전략적인 도구이지만 그 도구를 쓰는 사람에게 선의가 없다면 진정한 인맥으로 이어질 수 없다.

　온라인에서는 서로 얼굴을 볼 수 없는 상황이기에 말만 잘하면 된다고 생각할 수도 있으나, SNS는 일회적인 만남의 공간이 아닌 지속적인 소통의 공간이기 때문에 본심이 무엇인지 금방 드러나게 마련이다. SNS에서 당신의 캐릭터는 하루아침에 완성되는 것이 아니다. 매일 한두 건씩이라도 꾸준히 콘텐츠를 쌓아 올리는 가운데 독자적인 아이덴티티가 생겨난다. 이 꾸준한 축적 자체가 소셜 네트워크의 핵심인 '사람'과 '관계', 그리고 '진정성'에 대한 믿음이 없으면 불가능한 일이다. 다른 사람에게 좀 더 베풀고 싶고, 내가 아는 것을 알려주고 싶고, 다른 사람의 이야기에 귀를 기울이고자 하는 선의가 있어야 진심이 전해지고 인지도를 쌓을 수 있다.

　앞서 살펴본 기업인들 중 먼저 베풀고자 하는 선의가 없던 사례가 있었는가? 이찬진 포티스 대표는 오랜 인터넷 소통의 노하우를 8계명으로 일목요연하게 정리해 배포했다. 정태영 현대카드 부회장은 연륜과 방대한 지식에서 나온 경영 철학을 스스럼없이 나눴다. 김영세 이노디자인 대표 역시 긍정적인 경구를 통해 베테랑으로서의 견해를 아낌없이 공개했다. 김현유 구글 상무도 입가에 미소를 짓게 만드는 기분 좋은 이미지와 글을 올려 보는 이로 하여금 따뜻한 마음을 느끼게 했다.

선의는 사람의 체온과 같은 긍정적인 에너지다. SNS에서 인기를 누리는 인물들은 누구나 긍정적인 에너지를 발산하여 가까이 다가서고 싶게 만든다. 이것이 SNS에서 성공적으로 셀프 브랜딩하기 위한 첫 번째 비결이다.

정보 - 살아 있는 콘텐츠

다음으로 중요한 요소는 정보, 즉 콘텐츠다. SNS 셀프 브랜딩의 승자는 콘텐츠 경쟁에서 승리한 자라 해도 과언이 아니다. 당신이 잘 알고 있거나 즐기고 있는 것이라면 무엇이든 콘텐츠가 될 수 있다. 심지어 효과적인 청소 방법이나 셀프 세차 노하우도 콘텐츠로서의 자격이 충분하다. 차별화되는 콘텐츠를 갖고 있다면 사람들이 알아서 찾아올 수밖에 없다.

좋은 콘텐츠라 하여 반드시 텍스트의 양이 많거나 이미지가 많을 필요도 없다. SNS가 점점 이미지 중심으로 진화해가고 있으니 이미지가 풍성하면 좋지만 어차피 사람들은 그 중 대표적인 한두 장만 기억한다. 또 처음부터 모든 콘텐츠에 정성을 쏟다 보면 이내 지치게 마련이다.

유념할 점은 정보의 즉시성이다. 인스타그램이 인기를 얻은 이유 중 하나는 사진을 찍은 즉시 필터 효과를 적용하여 온라인에 게시할 수 있다는 점이었다. 일상적인 단상이나 유용한 팁, 유머러스한 광경, 사회적 이슈의 현장을 포착한 즉시 한두 장의 이미지나 15초 이내의 동영상, 짤막한 문장 등으로 공유하는 것이 중요하다.

정태영 회장은 어딜 가든 현장의 사진을 찍어 공유한다. 현대카드가 후원한 아이돌 그룹의 콘서트, 새로운 프로젝트를 준비 중인 아티스트와의 미팅, 맥주 한 잔 하러 들른 출장지의 술집에서 외국인들과 찍은 사진까지 그의 주변에 있는 모든 것이 발견 즉시 콘텐츠가 된다. 김현유 상무 역시 인스타그램의 기능을 십분 활용하여 모든 콘텐츠에 현장감을 고스란히 살린다. SNS는 실시간 소통과 확산을 본질로 하는 매체이기에 좋은 정보가 있다면 오래 묵혀두지 말고 바로 공유하는 것이 좋다.

인사이트 - 당신만의 통찰

사람들의 경험은 대개 비슷비슷하다. 비슷한 환경에서 비슷한 상품을 소비하고 비슷한 뉴스를 접한다. 특히 한국처럼 크게 다원화되지 않은 사회에서는 취향이나 관심사가 거의 동일하다 싶을 만큼 유사하다. 오죽하면 '영화 감상, 음악 감상, 독서'가 한국인의 3대 취미라는 우스갯소리가 나왔겠는가. 경험의 유사성은 SNS에도 그대로 투영되어 여행이나 맛집, 영화 등 인기 검색어를 키워드로 검색해보면 대개 비슷한 콘텐츠만 우르르 쏟아진다.

그러나 SNS에서 탄탄한 셀프 브랜드를 확립한 사람들은 비슷한 경험 속에서도 자신만의 인사이트를 찾아낸다. 이찬진 대표는 하루에도 수없이 일어나 무심히 넘기기 쉬운 온라인상의 분쟁을 보고 그 속에서 상실된 매너가 무엇인지 곧바로 포착했다. 정태영 회장은 공항의 활주로에서 고객의 마음에 길을 내야 한다는 영감을 얻었다. 김현유 상무는 발렛 파킹을 맡긴 가게의 서비스 정신에서 디테일의 중요성을 간파했다. 이들의 인사이트는 연륜 때문이기도 하지만 어디서건 주체적으로 생각하고자 하는 훈련이 있기에 가능한 것이다.

사람들은 당신의 SNS에 정보를 얻기 위해 찾아오기도 하지만 그보다는 당신의 생각이 궁금해서 방문한다. 방문자 수가 폭발적인 SNS 계정의 대부분은 단순한 정보 전달보다는 반짝이는 인사이트로 가득하다. 같은 음식을 먹거나 같은 영화를 보더라도 당신만의 필터를 통해 받아들이고 느낀다면 인사이트가 된다.

당신만의 콘텐츠, 당신만의 브랜드는 아무도 경험하지 못한 아이템에 최초로 깃발을 꽂는 데서 나오는 것이 아니라 비슷한 경험에서 어떻게 남다른 인사이트를 얻어내는가에 달려 있다.

유머 - 모두가 재미있는 사람을 좋아한다

SNS만큼 유머의 장점을 체감하기에 좋은 공간은 없을 것이다. 스트레스가 일상화되어 있는 상황에서 SNS에 접속할 때는 누구나 기쁘고 행복한 소식, 재미있는 정보, 위안과 격려를 바란다. 때로 사회적 이슈에 대해 심각한 토론이 벌어지기도 하지만 대부분 가볍게 웃고 지나갈 수 있는 콘텐츠를 더 반긴다.

페이스북에서 '좋아요'나 공유의 수가 월등하게 높은 콘텐츠를 분석해보면 재미, 정보, 감동, 추억이라는 요소를 공통적으로 가지고 있다고 한다. 넘쳐나는 정보의 홍수 속에 개인의 관심사에 맞게 콘텐츠를 추천해주는 콘텐츠 큐레이션 서비스에서 가장 조회 수가 높은 콘텐츠는 십중팔구 유머러스한 내용이다.

이찬진 대표는 새로 산 IT 제품은 공들여 사진 찍으면서 남들이 심혈을 기울이는 음식 사진은 너무도 대충 찍어 보는 이에게 웃음을 선사했다. 두 아들과 빙수를 먹으러 간 날 난장판이 된 테이블을 찍어 올려 매일 전하는 IT 업계 현황으로 묵직해진 SNS의 무게를 덜어내기도 했다. 김영세 대표는 이노

디자인이 미국 실리콘밸리에 설립된 지 30주년을 맞은 기념일에 "드디어 오늘! 내 30번째 생일임다."라는 재치 있는 코멘트를 올려 웃음을 주었다. 정태영 회장은 회사에 파워포인트 금지령이 떨어진 후 생겨난 긍정적인 변화를 열거하며 "사람들이 더 지적으로 보인다."고 덧붙이는 센스를 잊지 않았다. 김현유 상무는 장신의 친구들 가운데 상대적으로 단신으로 나온 사진을 두고, '당당하게 중앙에서 사진을 찍었다'며 농담하는 댓글에 "이 날은 제가 저녁을 계산할 차례여서 더욱 당당할 수 있었다."고 대응하여 부드럽고 유머러스한 이미지를 더했다.

적절한 유머는 이렇듯 SNS 활동에서 필수적인 요소다. 당신의 존재감을 강화하고 당신의 이야기에 주목하게 하려면 유머를 통해 지루함을 덜어내는 전략이 필요하다. 또 SNS에 유머러스한 콘텐츠를 올리게 되면 내 계정을 처음 방문한 사람의 긴장을 완화시키고 경계심을 줄여주는 데 도움이 된다. 이때 인터넷 용어나 젊은 세대의 신조어를 무작정 따라하는 것은 금물이다. 유머는 내게 익숙한 언어로 구사하는 것이 가장 바람직하다.

감성 – 감성은 지성보다 빠르다

　　나를 각인시키기에 가장 좋은 것은 '스토리'다. SNS 셀프 브랜딩의 첫걸음 역시 '스토리텔링'에서 시작한다. 앞 장에서 자기 자신을 하나의 브랜드로 만들기 위해서는 스스로를 단 한 줄로 표현할 수 있어야 한다고 이야기했다. 나만의 '특별한 것(Something Special)'이 무엇인지 파악하고 이것을 광고 카피처럼 표현할 수 있다면 당신은 셀프 브랜딩에 이미 성공한 것이나 마찬가지다. 스토리는 거창한 것이 아니라 이 한 줄의 광고 카피에 스며 있는 것이다. 내가 어떤 사람인지, 어떻게 살아왔는지 긴 스토리를 압축하는 과정에서 한 줄의 카피가 나온다.

　　우리가 세상을 인식할 때는 객관적, 논리적으로 인식하기도 하지만 직관적, 본능적으로 인식하기도 한다. 전자의 인식 능력이 지성이라면 후자는 감성이다. 감성은 지성보다 빠르다. 대상을 파악할 수 있는 최소한의 정보가 갖추어지지 않아도 곧바로 작동한다. 이러한 감성의 표출과 공유는 곧 스토리텔링의 기반이 된다고 할 수 있다. 감성이 스토리를 만들어내며, 그렇게 만들어진 스토리가 다시 감성을 자극한다. 스토리텔링이 잘된 콘텐츠는 감성을 건드릴 수밖에 없다.

SNS에서 셀프 브랜드를 구축하려면 정보성 콘텐츠를 꾸준히 업데이트하는 것도 중요하지만 그 사이에 감성적인 콘텐츠를 올려 균형을 맞추는 것이 필요하다. 너무 정보성 콘텐츠만 게시하면 인간적인 매력을 어필할 수 없게 되고, 인간적인 매력을 어필할 수 없으면 스토리 없는 무미건조한 캐릭터로 기억된다.

정태영 회장은 매일 숨 돌릴 새 없이 돌아가는 비즈니스 현장을 중계하다가도 최근에 듣고 있는 음악을 꼭 공유한다. 김현유 상무는 어린 딸과 함께 만든 쿠키 사진이나 비 오는 주말 아침의 풍경 사진 등으로 자신의 일상에 잔잔한 감성을 부여한다. 이러한 감성적인 콘텐츠는 자칫 화려한 커리어에 가려져 보이지 않았던 개인의 스토리를 끄집어내는 데 큰 역할을 한다.

다른 사람을 당신에게 몰입하게 하고, 공감하게 하고, 설득되게 하려면 내가 살아온 삶이나 평소의 일상에서 감성적인 요소가 무엇인지 파악한 후 그것을 토대로 스토리를 만들어두는 것이 좋다. SNS에 사진 한 장을 올릴 때 사진에 얽힌 에피소드를 짧게 요약하면 그것이 바로 스토리가 된다.

이 때 다른 사람이 적극적으로 반응할 수 있도록 공감을 유도하는 멘트를 넣으면 훨씬 효과적이다.

SNS에서
지켜야 할 7가지 매너

온라인상의 커뮤니케이션도 결국 오프라인 대화의 연장이다. 우리가 오프라인에서 대화할 때 단어의 선택이나 말투, 매너와 센스 등을 종합적으로 보고 상대를 파악하듯 SNS에서도 상대가 올리는 콘텐츠뿐만 아니라 전반적인 활용 방식을 유심히 보게 된다. 아무리 콘텐츠가 좋아도 진실성이 결여되어 있거나 논쟁을 즐겨한다면 결코 SNS에서 환영받는 인물이 될 수 없다.

또한 SNS를 통해 셀프 브랜딩을 시작하고자 한다면 더욱 유념해야 할 사항들이 있다. 이제부터 SNS를 할 때 반드시 염두에 두어야 할 7가지 매너를 살펴보자.

시작했으면 꾸준히 하라

SNS를 막 시작한 사람들이 범하기 쉬운 실수는 바로 의욕적으로 시작했다가 금세 활동을 접는 것이다. 때로는 최소한의 프로필 정보도 다 채우지 않은 채 복잡하다는 이유로 포기하기도 한다.

요즘은 페이스북이나 트위터에 가입할 경우 오프라인 인맥들에게도 알림이 가는데, 계정을 텅 빈 채로 방치하면 결코 좋은 인상을 남겨줄 수 없다. 특히 프로필 이미지가 등록되어 있지 않을 경우 '빈집'과 같은 느낌을 주기 때문에, 가입 즉시 프로필 사진을 등록해두는 것이 좋다. 서비스에서 요구하는 개인 정보 역시 빠짐없이 등록해야 이 정보를 바탕으로 최대한의 인맥과 연결될 수 있다. 페이스북은 인맥 추천에 관한 알고리듬이 놀라울 정도로 잘 구축되어 있기에 학력, 직장 등 개인 정보를 상세하게 기입할 것을 추천한다.

일단 SNS 활동을 시작했으면 멈추지 말고 꾸준히 해야 한다. 처음에는 친구 또는 팔로워의 숫자가 적어 적극적인 반응을 기대하기 힘들고, 생각만큼 내 콘텐츠의 영향력이 크지 않을 수 있다. 오프라인에서는 나름대로 인맥을 잘 관리했다고 생각했는데 온라인 세계에서는 초라하다고 느낄 수도 있다.

그러나 SNS에서의 셀프 브랜드는 하루아침에 형성되는 것이 아니다. 어마어마한 숫자의 팔로워를 자랑하는 유명인사의 계정도 알고 보면 다년간의 관리가 빚어낸 결실이다. SNS 활동을 금방 달성해야 할 과업으로 생각하면 이내 지치고 만다. 취미 활동의 하나라고 생각하며 매일 들여다보는 것이 바람직하다. 여러 개의 서비스를 한꺼번에 시작하지 말고, 내게 적합한 서비스 한 가지 정도를 선택한 후 일정 기간 이상 지속해나가는 것이 좋다.

무엇을 어떻게 써야 할지 잘 모르겠다면 친구들의 활동을 '눈팅'하며 자신감이 생겼을 때 본격적으로 콘텐츠를 올려도 무방하다. 콘텐츠는 내가 가장 잘 알고 있는 주제부터 시작해야 재미가 붙어 꾸준히 해나갈 수 있다. 이미 전문적인 지식을 갖고 있는 업무 분야, 개인적인 취미, 소소한 일상에 대해 지속적으로 쓰다 보면 '나'라는 사람을 더 잘 알게 되고, 어떤 '브랜드'로 승부해야 하는지 더욱 명확해진다. SNS를 활용하면서 다른 사람의 생각도 알게 되지만 나 자신을 들여다보는 훈련도 하게 되는 것이다. SNS에 올리기 위해 나의 생각을 조리 있게 정리하는 동안 새로운 영감이 떠오르거나 통찰이 찾아오기도 한다. 거창한 콘텐츠를 올리지 않더라도 이렇게 매일 꾸준히 지속하다 보면 온라인에서의 정체성 구축과 성실한 이미지, 이 두 마리 토끼는 자연스럽게 잡히게 마련이다.

온라인과 오프라인을 일치시켜라

인간은 관계지향적인 존재이며 타인의 기대에 부응하기 위해 가상의 자아를 만들어내기도 한다. SNS는 이런 가상의 자아를 연기하기에 최적의 공간이다. 필요에 따라 익명으로 활동할 수 있으며, 보정된 사진이나 영상, 거짓 프로필 등으로 그럴듯한 나를 쉽게 연출할 수 있기 때문이다. 특히 SNS에서는 다른 사람들의 즉각적인 평가를 받을 수 있어 타인에게 인정받고 싶은 욕구나 자존감이 약한 사람일수록 '보여주고 싶은 나'의 함정에 빠지기 쉽다. 강력범죄의 가해자가 범행 전후 SNS에 남긴 글이 의외로 지극히 정상적이고 때로 진취적이기까지 하여 사람들에게 충격을 안겨준 예도 있다.

그러나 내적 기준이 아닌 타인의 시선을 의식하며 더 그 럴듯한 나를 연기하다 보면 현실로 돌아왔을 때 괴리감이 점점 커진다. 온라인에는 더 멋지고 행복하고 특별한 자신이 살고 있지만 현실의 나는 그렇지 않기 때문이다. 이 괴리감과 허탈감이 심각해지면 현실을 부정하거나 가상의 나를 진짜 자신이라고 믿게 될 수도 있다. 온라인에서의 내가 오프라인에서의 나를 압도하게 되는 것이다.

퍼스널 브랜딩의 최고 권위자인 댄 쇼벨은 오프라인의 내 특성이나 외모, 전반적인 가치가 온라인상의 정체성에 올바르게 반영되어야 한다고 강조한 바 있다. 그는 아무리 많은 콘텐츠를 올리고 아무리 우수한 매체를 쓴다 해도 정말로 중요한 것은 나의 실생활, 나의 실체라고 역설했다. 또한 정말로 강력하고 지속적인 온라인 브랜드는 오프라인 브랜드와 동일한 속성을 공유하는 가운데 만들어질 수 있다고 덧붙였다. 그러므로 항상 오프라인의 나를 우선순위로 점검하고 발전시키되, 이를 온라인에 적극적으로 반영하는 활동이 필요할 것이다.

물론 온라인과 오프라인을 일치시키라고 해서 현실의 내

가 가진 단점까지 고스란히 드러낼 필요는 없다. 때로는 온라인상의 '보여주고 싶은 나'를 통해 잠재된 매력과 가능성을 발견할 수도 있다. 그러나 '보여주고 싶은 나'는 어디까지나 현실의 나로 구현할 수 있는 범주에 있어야 한다. 항상 실생활과의 연결점을 생각하고 허세와 과시를 경계하는 것이 바람직하다. 온라인과 오프라인에서의 이미지를 일관성 있게 설정하고, 온라인에서는 오프라인에서 보여주지 못했던 긍정적인 면을 조금 더 부각시키는 정도가 가장 좋다.

정보와 지식을 먼저 나눠라

앞서 인맥을 맺기 위해서는 받으려 말고 먼저 주는 'Just Give'가 중요하다고 이야기했다. 온라인에서도 이 '주는 행위'가 다른 무엇보다 우선한다고 말할 수 있다. 오프라인에서는 경제적 도움이나 인맥 소개, 조언, 위로 등을 베풀 수 있다면 온라인에서는 정보와 지식, 즉 콘텐츠를 나눌 수 있다. 특히 SNS를 막 시작하는 단계에서는 콘텐츠를 많이 올려둘수록 다른 사람들이 내 계정에 관심을 가지거나 내 콘텐츠가 공유될 확률이 높아진다. SNS 활동이 어느 정도 자리 잡으면 친구 또는 팔로워와의 커뮤니케이션 자체가 콘텐츠로 서의 가치를 갖게 되기도 하지만, 막 시작했을 때는 우선 남들이 관심을 가질 만한 콘텐츠를 부지런히 올려두는 데 집중해야 한다.

콘텐츠는 앞서 이야기한 것처럼 익숙한 주제부터 시작하는 것이 가장 좋다. 자신이 속한 산업 분야를 다룬다면 현재 하는 일이다 보니 관련 지식이나 경험이 풍부하여 콘텐츠 가치가 높을 것이다. 또한 전문가로서의 이미지를 어필할 수 있어 셀프 브랜드 구축에도 도움이 된다. 그 외에 남들보다 잘 알고 있거나 특별히 열정을 가진 주제에 대해 이야기를 풀어간다면 고만고만한 콘텐츠들 사이에서 차별성을 획득할 수 있다. 클래식 음악이나 자동차, 시계, 고전 영화나 재테크 등 개인의 관심사에 따라 주제는 무궁무진하다.

중요한 것은 내가 어떤 사람으로 보이길 원하는가를 염두에 두고 주제를 정해야 한다는 점이다. 잡다한 주제를 얇고 넓게 풀어놓는 것보다 한두 가지 주제에 대해 좁고 깊게 이어가는 편이 전문성과 신뢰감을 쌓기에 효과적이다.

콘텐츠가 될 만한 관심 분야를 갖고 있지 않다면 우선 SNS

를 통해 흐르는 정보에 집중하기를 권한다. SNS는 수많은 사람들이 갖가지 정보를 실시간으로 공유하는 공간이기에 먼저 사람들이 공감하는 최신 이슈가 무엇인지 살펴본 후, 그 이슈에 관해 검색해서 추가적인 정보를 전달하는 것도 콘텐츠를 만드는 하나의 방법이다. 그러다 보면 자연스럽게 관심 분야가 생겨나고 그 분야에 정통한 사람을 팔로하여 그 사람의 안목이나 통찰을 눈여겨볼 수도 있다. 영향력 있는 인물은 주로 어떤 정보를 제공하는지, 어떤 정보에 팔로워들이 반응하는지, 정보의 출처로는 어떤 매체를 이용하는지 등을 주의 깊게 살펴보고 벤치마킹하자.

친구나 팔로워가 일정 수준 이상 확보되면 이후에는 그들이 올리는 콘텐츠를 쉽게 유통하게 된다. 페이스북에서는 공유, 트위터에서는 리트위트 기능을 통해 다른 사람의 콘텐츠를 확산시킬 수 있다.

이 때 유념할 점은 다른 사람의 콘텐츠로만 내 계정을 채우지 않도록 하는 것이다. 누군가 당신의 계정에 들어왔을 때 온통 남의 콘텐츠로만 꽉 차 있으면 그것만큼 신뢰감을 떨어뜨리는 일도 없다. 직접 생산한 콘텐츠와 공유한 콘텐츠의 비율이 최대 6:4를 넘어가지 않는 편이 바람직하다.

SNS는 개인 공간이 아니다

　　소셜 네트워크가 공적 공간인가 사적 공간인가라는 문제는 항상 뜨거운 쟁점이 되어왔다. 사회지도층이나 연예인, 유명인들이 SNS에서 나눈 사적 소통이 미디어를 통해 공론화되며 법적 공방에까지 이르는 경우도 있다. 지극히 사적인 기록을 실수로 공개하거나 일기장에 담아두어야 할 말실수로 세인의 입방아에 오르내리기도 한다. 뒤늦게 사과하고 문제가 된 내용을 삭제한다 해도 이미 일파만파 퍼져나가 훼손된 평판은 돌이킬 수 없다.

　　오프라인에서 쌓아올린 좋은 이미지가 온라인에서의 잘못으로 소위 '역풍'을 맞아 한순간에 무너지는 사례는 이제 드문 일이 아니다. 이는 대부분 SNS를 사적 공간으로 인식했기 때문에 벌어진 결과다.

　　엄밀히 따지면 SNS는 공적 공간에 가깝다. 왜냐하면 SNS에서의 한 마디는 시간이 경과해도 계속 접근할 수 있기 때문이다. 둘째, 서버에 저장된 내용은 검색을 통해 누구나 쉽게 찾아낼 수 있다. 셋째, 이미지 저장이나 캡처 등 디지털 기기의 복제 기능으로 문제가 되는 내용을 쉽게 다른 곳으로 옮길 수도 있다. 끝으로 SNS에 쓴 내용은 누가 읽게 될지 특정하기 어렵다. 특히 페이스북이나 트위터 같은 개방형 SNS는 기본적으로 정보의 공유와 확산에 최적화된 구조다. 인스타그램이나 네이버 밴드와 같은 폐쇄형 SNS에 올린 내용도 캡처를 통해 얼마든지 외부로 전해질 수 있기 때문에 안심해서는 안 된다. SNS에 글을 올릴 때는 항상 오프라인의 공적인 자리에서도 할 수 있는 말인지 아닌지를 충분히 따져봐야 할 것이다.

또 요즘은 SNS를 자기 과시의 수단으로 삼는 현상이 문제가 되기도 한다. SNS에서의 사생활 노출이 경쟁적인 자기 과시로 흘러 상대적 박탈감이나 위화감을 조성한다는 비판의 목소리도 높다.

한국인의 4대 SNS라는 싸이월드, 페이스북, 트위터, 카카오스토리를 두고 네티즌들 사이에 이러한 우스갯소리가 회자되기도 했다. 싸이월드는 '내가 이렇게 감수성이 풍부하다', 페이스북은 '내가 이렇게 잘 산다', 트위터는 '내가 이렇게 바보같다', 카카오스토리는 '우리 아이가 이렇게 잘 크고 있다'는 사실을 보여주기 위해 쓴다는 것이다. 이 말은 각 SNS의 특징과 함께 자기 과시의 목적으로 사생활을 노출하는 현실을 훌륭하게 빗대고 있다. 특히 사회 경제적 위치가 높은 사람의 경우 사생활을 보여주는 행위 자체가 부의 과시로 오해되기 쉽다. SNS를 셀프 브랜딩의 베이스캠프로 활용하고자 한다면 더더욱 사생활이나 개인 가치관의 공개는 적정선을 넘어가지 않는 편이 좋다.

SNS에 글을 올릴 때는 누군가 처음으로 당신의 SNS를 들여다보았을 때 어떤 인상을 가질지를 항상 염두에 두어야 한다. 요즘은 오프라인에서 만난 상대의 SNS 계정을 찾아보는 경우도 많으니 사생활을 비롯해 선입견을 가지기 쉬운 내용은 미리부터 삼가야 할 것이다.

감정이 예민할 때는 로그아웃하세요

SNS에서 친구를 맺은 사람들의 이야기를 매일 읽다 보면 그들에 대한 간접경험이 풍부해진다. SNS는 일회적인 교류가 아닌, 매일의 기록이 축적되어 만들어진 정체성으로 지속적인 교류를 하는 공간이기 때문이다. 매일 상대가 올린 이야기를 대하다 보면 굳이 의도하지 않아도 상대의 심리 변화나 현재의 감정을 고스란히 들여다볼 수 있게 된다. 과중한 업무 때문에 스트레스를 받는 중이라거나 개인사로 어려운 시기를 보내고 있다거나, 인간관계가 잘 풀리지 않아 괴롭다는 등 감정 상태를 수시로 중계하는 것은 SNS에서는 매우 일상적인 모습이다. 친구나 팔로워로부터 위로와 격려의 메시지를 받기 위해 습관적으로 감정 상태를 보고하는 경우도 드물지 않다.

또 어떤 이들은 사회적으로 부정적인 이슈나 논란이 될 만한 사안, 유쾌하지 않은 주제를 반복해서 올리기도 한다. 물론 사회적으로 파장을 미친 사건이나 비합리적인 행태에 대해 거론하는 것은 정의로운 이미지를 심어주는 데 도움이 된다. 하지만 지나치게 자주 이러한 이슈를 다루면 보는 사람은 피로를 느끼다 못해 슬그머니 외면하거나 친구를 끊을 수도 있다. 오프라인의 고달픈 현실을 잠시나마 잊기 위해 SNS에 접속한 사람에게 현실의 부정적인 면을 계속 들이미는 것이나 마찬가지이기 때문이다.

우울한 정서나 사회적으로 부정적인 사안은 품위 있고 긍정적인 단어보다는 거칠고 부정적인 단어를 불러오게 되며, 이는 보는 사람뿐 아니라 이야기를 하는 본인에게도 영향을 미친다. 외롭고 지친다거나, 분노가 치밀고 언짢다는 표현을 반복하면 할수록 그러한 표현이 불러오는 감정에서도 벗어날 수 없다. 부정적인 콘텐츠만 계속 올리는 사람들이 갈수록 과격한 언사를 보이는 현상은 감정의 소용돌이를 제때 통제하지 못한 결과다.

따라서 SNS에 콘텐츠를 올릴 때는 주기적으로 표현의 점검이 필요하다. 내가 어떤 단어를 주로 쓰는지, 반듯하고 긍정적인 표현 대신 경박하고 부정적인 표현이 늘어나고 있는 것은 아닌지, 특정 단어를 자주 쓴다면 그 이유는 무엇인지 등을 살펴본 후 개선해야 할 것이다.

또한 현재의 감정을 SNS에 즉각적으로 투영하는 것은 반드시 피해야 한다. 부정적인 감정을 SNS에 발산하고 싶다면 수첩이나 스마트폰의 메모장에 적어내려 가며 마음을 가다듬는 훈련을 먼저 해보자. 감정이 출렁일 때는 SNS에서 로그아웃해두는 것도 하나의 방법이다.

논쟁을 피하라

종종 미디어를 통해 유명인들의 SNS 논

쟁이 다루어지곤 한다. 사회적으로 저명한 인사가 본인 주장에 대한 반박을 참지 못해 댓글로 기나긴 언쟁을 벌이거나 각자의 계정에서 팽팽한 감정싸움을 계속하는 것이다. SNS는 얼굴을 맞대고 토론하는 공간이 아니기에 서로 자신의 논리가 맞다는 주장만 반복하다보면 결국 무의미한 소모전으로 치닫고 만다.

처음에는 이성적으로 시작했어도 논쟁이 계속되면 이내 비꼬는 말투나 거친 표현, 주제와 상관없는 감정적 발언이 튀어나오게 마련이다. 반박을 위한 반박은 곧 상대에 대한 인신공격으로 번져 돌이킬 수 없는 결과를 초래할 수도 있다. 불특정다수가 볼 수 있는 공간에서 언쟁을 생중계하는 것은 길 한복판에서 멱살을 잡고 싸우는 상황이나 다를 바가 없다. 조용히 지켜보던 사람들도 피로감을 느끼고 친구나 팔로워를 끊게 된다.

SNS를 비롯한 온라인상의 커뮤니티는 현실 세계에 비해 논쟁에 부적합한 공간이다. 말로 하면 어조나 뉘앙스의 차이로 구분할 수 있는 감정이 글로 쓸 때는 전해지지 않기 때문이다. 글로 쓰기 때문에 더 논리적이지 않은가, 하고 생각할 수 있지만, 표정, 시선, 보디랭귀지 등 '비언어적' 요소의 도움을 전혀 받을 수 없는 온라인에서는 단어 하나하나에 실리는 무게가 필요 이상으로 커져버린다. 따라서 온라인 논쟁에서는 이른바 '말꼬투리를 잡는' 상황이 흔히 관찰되는 것이다. 실제 대화에서라면 가볍게 받아들일 수 있는 표현도 세세하게 의미를 부여하여 노골적인 공격으로 여기게 된다는 것이다. 이렇게 되면 본래 논쟁의 주제로부터는 멀어져 지극히 사소한 이유로 감정을 소모하는 일만 남는다.

또한 SNS에서 논쟁을 벌이다 보면 자신이 옳다고 착각하기 쉽다. SNS 자체가 생산적인 토론을 벌이기에 부적합한 공간이다보니 상대를 '설득'하기보다 '굴복'시키는 데 초점이 맞춰진다. 상대를 굴복시키려는 과정에서 내 생각 역시 선입견이나 학습에 기초한 것일 수 있다는 사실을 부정하게 되는 것이다. 내가 옳음을 증명하기 위한 이야기만 늘어놓으니 주장만 있고 경청은 없는 무의미한 '핑퐁 싸움'만 계속된다. 또한 나와 견해가 같거나 그동안 친분을 쌓은 사람들이 내 편을 들어줄 경우에는 자신의 생각이 옳다고 더욱 확신하게 된다. 상대의 편을 들어주는 사람에 대해서는 괜한 억하심정이 생겨나기도 한다.

논쟁을 부르는 주제는 주로 정치적, 사회적인 이슈가 대부분이다. 그러므로 개인의 가치관이 어필될 수 있는 민감한 이슈에 대해서는 가치중립적인 태도, 말을 아끼는 태도가 필요하다. 굳이 의견을 보태고 싶다면 우선 SNS상에서 그 이슈가 어떻게 받아들여지고 있는지 살펴보자. 만약 당신이 다수의 의견과 반대되는 입장이라면 말을 삼가는 편이 좋다. 또 이슈가 막 생겨난 직후보다 이에 대한 반응이 어느 정도 안정된 후에 조심스럽게 의견을 개진하는 편이 바람직하다. 물론 가장 좋은 태도는 어떤 경우에도 논쟁을 시작하지 않는 것, 논쟁에 끼어들지 않는 것이다.

타인의 콘텐츠를 함부로 쓰지 마라

SNS 활동을 하다 보면 '불펌 금지'라는 말을 쉽게 접할 수 있다. '불펌'이란 다른 사람의 콘텐츠를 허락 없이 다른 곳으로 이동시키는 행위를 말한다. '불법으로 퍼다 나른다'는 말의 준말이다. 남이 찍은 사진을 내가 찍은 것처럼 인스타그램에 올리거나, 트위터에서 회자된 재미난 농담을 페이스북에 출처 표시 없이 가져다 싣는 행위도 모두 불펌에 해당한다. 인터넷 언론사의 기자가 SNS에 먼저 올라온 소식을 마치 직접 취재한 것처럼 가져다 실어 논란을 일으킨 사례도 있었다. 불펌은 무단 복제 및 전재나 다를 바 없는 행동이지만 SNS라는 공간의 개방성 때문에 사용자들이 그 심각성을 제대로 인지하지 못하고 있는 것이 사실이다.

현재 페이스북이나 트위터와 같은 주요 SNS에서는 저작권자가 명확한 저작물에 대해서는 동의 없는 게시를 철저히 규제하고 있다. 특히 140자의 텍스트 중심인 트위터와 달리 여러 포맷의 콘텐츠를 분량의 한계 없이 올릴 수 있는 페이스북에서는 저작권 침해가 비일비재하다. '좋아요'의 클릭 수나 친구의 수를 늘리기 위해 드라마, 예능 프로그램, 영화, 웹툰 등 영상 또는 어문 저작물을 직접 업로드하는 것이다. 페이스북에서는 이를 막기 위해 저작권자의 침해 고지 및 삭제 요청을 적극적으로 받아들이고 있다. 저작권 침해 행위가 반복될 경우 계정 활동 자체가 일정 기간 정지되기도 한다.

그렇다면 SNS에 올린 콘텐츠가 법적으로 보호받는 저작물이 아닐 경우에는 어떨까. 가볍게 찍은 일상 사진이나 재치 있는 농담, 어떤 이슈에 대한 의견 등은 '불펌'해도 무방한 콘텐츠일까? 결론부터 이야기하면 이 경우에도 '불펌'은 해서는 안 된다. 법적으로 제재를 받기에 애매한 영역에 있는 것은 사실이지만, 도의적인 책임은 결코 피할 수 없다.

내가 '불펌'한 콘텐츠의 출처가 어디인지 밝혀지는 것은 잠깐이다. 다른 SNS로 옮기거나 디테일을 살짝 바꿔도 누군가의 '매의 눈'은 이를 순식간에 알아챈다. 남의 콘텐츠를 '불펌'하는 행위는 진정성의 상실이나 다름없고, 진정성의 상실은 어렵사리 구축한 SNS상의 셀프 브랜드를 근간부터 흔드는 문제가 될 수 있다.

SNS에 내 생각이 아닌 콘텐츠를 올릴 때는 반드시 출처를 표기하고, 출처를 확신할 수 없을 경우 검색을 해보거나 미리 양해를 구해야 한다. 인쇄 매체에서 발췌한 내용도 제목과 저자를 꼭 표기하도록 한다. 영상 및 이미지, 어문저작물은 직접 업로드하지 말고 원 출처의 URL 주소를 링크할 것을 추천한다. 반대로 내 콘텐츠의 '불펌'이 걱정된다면 프로필에 미리 공지해두는 것도 좋은 방법이다.

가족과 직장의 문제가 충돌했을 때 우선순위는?

사안의 경중에 따라 다르긴 하나, 생사가 걸린 문제나 가정의 평화를 깨는 일이 아니라면 직장을 우선시해야 한다. 또한 사적인 영역과 공적인 영역을 분명히 구분짓는 것이 중요하다. 가정의 문제 때문에 직장에서도 계속 스트레스를 받는다거나, 직장에서 생긴 트러블을 퇴근 후에도 끌어안고 있다면 어느 쪽에서도 성과를 거둘 수 없다.

가장 바람직한 자세는 업무 중에는 업무에만 집중하고, 퇴근 후나 주말에는 가족에게 온전히 집중하는 것이다. 사람이 원하는 바를 다 이루고 살 수는 없다. 나에게 요구되는 모든 역할에 완벽할 수도 없다. 직장에서 1등이 되고 싶은 사람이 가정에서까지 1등 부모, 1등 배우자가 된다는 것은 현실적으로 불가능하다. 그런 욕심 때문에 힘들다면, 가족과 직장 양측과 미리 소통한 후 합의점을 찾아 서로의 상황을 이해하는 과정이 필요하다.

무엇보다 가족과 직장이라는 인생의 두 축 사이에서 균형을 이룰 수 있도록 늘 주의를 기울여야 한다. 물론 이것은 누구에게나 힘든 일이다. 그러나 어느 한쪽에만 집중해서 다른 쪽의 문제를 방치하거나, 양쪽 모두의 문제를 똑같은 무게로 고민하는 시간이 길어진다면 문제는 더욱 커지고 만다. 평소에도 무게중심을 잘 유지할 수 있도록 작은 문제라도 미리

해결하는 태도를 갖는 것이 좋다. 명심하라. 물이 넘칠 것 같다면 재빠르게 균형을 맞춰야 한다. 미리미리 챙기지 않으면 넘치게 마련이다.

4

브리지 피플,
당신을 도와줄
새로운 유형의 멘토

인맥 분야에 있어서 자신을 발전시켜줄 사람, 바로 그들이 '브리지 피플 (Bridge People)'이다. 뛰어난 인맥과 신중한 정신을 가지고 있는 그들은 '우물 안 개구리'인 당신을 구해 세상 속에서 마음껏 활개를 칠 수 있도록 도와줄 것이다. 하지만 그들은 결코 아무나 도와주지 않는다. 자신들이 도와줄 만한 가치가 있는 사람만을 도와주기 때문이다. 브리지 피플, 과연 그들은 누구이고, 어떻게 하면 그들의 도움을 얻을 수 있을까?

성공한 사람 곁에는
성공을 돕는
사람들이 있다

세상사는 '네트워크'라는 말로 표현해도 과언이 아니다. '사람과 사람과의 관계', 그리고 또 '사람과 사람들을 둘러싼 일'이라고 하는 이 복잡한 네트워크가 우리네 삶을 장악하고 있기 때문이다. 그런데 우리가 이 네트워크 속에서 발전하고 앞으로 더욱 전진하고 자신의 삶을 업그레이드하기 위해서는 분명히 누군가의 도움을 받아야 한다.

우리 사회에는 일종의 '브리지 피플(Bridge People)'이라는 존재가 있다. 이들은 일종의 멘토와 비슷한 위상을 갖고 있다. 하지만 단지 정신적인 충고에 머무는 것이 아니라 실질적으로 현실에서의 인맥관계를 넓혀줄 수 있는 힘과 능력을 가지고 있기에 멘토를 넘어서는 사람들이라고 할 수 있다.

간략하게 정의하자면 이들 브리지 피플은 자신의 넓고 풍부한 인맥을 당신에게 소개시켜 주는 사람들이다. 사람과 사람 사이의 '다리' 역할을 하기에 '브리지' 피플이라고 부르는 것이다. 인맥을 확장하는 가장 쉽고 빠른 방법은 바로 이 브리지 피플을 통하는 방식이다. 우선 이들 브리지 피플들의 특성부터 살펴보도록 하자.

일단 브리지 피플들은 이미 이 사회에서 어느 정도 성공한 사람이거나 상당 수준에서 자신의 프로적인 역량을 발휘하는 사람들이다. 그들에게는 자신의 관련분야뿐 아니라 그 관련분야가 아닌 분야까지 포함해 상당한 인맥을 가지고 있다. '끼리끼리 모인다'는 말이 있다. 성공한 사람들의 옆에는 반드시 성공한 사람들이 포진해 있다. 브리지 피플은 이렇게 성공한 사람들을 자신의 인맥으로 가지고 있을뿐더러 그들과 상당히 친밀한 관계를 자랑한다. 또한 그들은 일을 해나가는 과정에서 서로에게 상당한 도움을 주고 있으며 또한 결코 그 도움에 대한 보답을 잊지 않는다.

두 번째로 브리지 피플은 상당히 신중하다는 특성을 가지고 있다. 성공한 사람들이 대부분 신중하지만 인맥에 대해서 상당한 노하우를 가지고 있는 그들은 관계의 문제에서라면 특히 더 신중해진다. 그들은 타인을 판단하는 데 있어서 매우 신속하면서도 정확한 눈을 가지고 있다. 그리고 사람을 사귀는 데 있어서도 매우 천천히 간다. 일단 자신이 파악한 상대의 이미지를 검증하는 단계를 거친다는 것이다. 그리고 이것이 확실하게 됐을 때만이 비로소 인맥을 맺기 시작한다. 따라서 브리지 피플을 처음 만났을 때 그들은 아마도 처음부터 당신에게 상당히 호의적이고 적극적으로 도와줄지도 모른다.

그러나 착각해서는 안 된다. 그들이 처음 보는 당신을 도와준다고 하더라고 그것은 하나의 과정이며 '검증의 단계'다. 그리고 만약 이 검증의 단계에서 당신이 사귈 만한 사람이 아니라고 판단이 된다면 그들은 과감하게 인맥을 정리한다. 이때 인맥을 정리한다는 것은 아예 연락을 하지 않거나, 또는 서로 만나는 자리 자체에 나가지 않는 건 아니다. 아마 그들은 이제까지 해왔던 것처럼 친숙한 관계를 유지할 것이다. 그러나 그것은 그저 사회생활에서 필요한 최소한의 매너를 보여주는 것일 뿐 진정으로 당신을 위해서 하는 것은 결코 아님을 잊어서는 안 된다.

한마디로 브리지 피플은 수준 높은 인맥과 실력을 가지고 있으며 신중하면서도 조심스러운 사람들이라고 할 수 있다. 자신의 성공에 대해 겸손해할 줄 아는 미덕도 있지만 또한 그 성공의 소중함도 동시에 알고 있기 때문에 결코 그것을 한 순간에 잃어버릴 수도 있는 무모한 짓은 절대로 하지 않는다.

당신의 성공을
돕는 사람들이
늘어난다면

이러한 브리지 피플들은 할 수만 있다면 당신이 인맥을 넓혀 가는 데 있어서는 최적의 집단이라고 할 수 있다. 일단 브리지 피플과 강한 인맥을 맺게 되면 그때부터 당신의 인맥 확장은 가속도가 붙게 되고 순식간에 다방면의 사람들을 소개받을 수도 있으며 또한 도움을 받을 수도 있다.

또한 이들 브리지 피플이 좋은 이유는 단지 그렇게 인맥을 소개받는 선에서 그치지 않는다는 점이다. 그들은 자신이 검증을 거친 당신을 타인에게 소개할 때 '왜 당신이 좋은 사람인지', '그리고 당신과 인맥을 맺으면 어떤 점이 좋은지'를 먼저 나서서 상대에게 설득을 해준다. 이는 하나의 강력한 우군을 만난 것과 마찬가지다.

자신의 입으로 자신을 설명하고 자신의 강점을 어필하는 것보다는 주변사람들이 그것을 대신 해줄 때 그 말은 더욱 강력한 영향력을 갖는다. 이는 하나의 정보(또는 사람)를 알아나가고 그 정보(사람)를 확신하는 과정과 매우 비슷하다.

예를 들어 당신이 한 보험에 대한 정보를 얻는 과정에서 우연히 만난 보험설계사가 A라는 상품을 설명하면서 '아주 좋으니 가입을 하라'고 하는 것과 당신과 아주 친한 사람이 '내가 A라는 상품에 가입해봤더니 아주 좋더라'고 권하는 것에는 큰 차이가 있다. 보험설계사는 자신의 영업실적을 높이기 위해, 그리고 그로부터 자신의 수익을 높이기 위해 A라는 상품을 칭찬한다고 느끼지만, 당신의 지인이라면 '정말 그 A라는 상품이 좋기 때문에' 당신을 위해 추천한다고 느끼게 된다.

브리지 피플의 추천과 설명이 당신에게 얼마나 강력한 영향을 미치는지 알 수 있을 것이다. 브리지 피플은 이 모든 것을 스스로 알아서, 당신이 부탁을 하지 않더라도 자발적으로 해준다.

브리지 피플의 또 다른 강점은 '다방면의 사람들'을 알고

226

있다는 점이다. 사실 사회생활을 하다 보면 자신이 속한 영역 이외의 사람들을 만나고 사귀기란 여간해서 쉽지 않은 일이다. 예를 들어 사회 생활을 하면서 엔지니어들이 문인이나 화가를 만나서 친분을 나누는 것은 쉽지 않고 또 백화점에서 근무하는 사람들이 법조계에 있는 사람들과 만날 수 있는 기회가 그리 많지는 않을 것이다.

인맥의 아우토반, 브리지 피플

　　　　뿐만 아니라 우연한 기회가 닿았더라도 그것을 '사귐'과 '인맥'의 수준으로 끌어올리기도 여간 어려운 것이 아니다. 예를 들어 업무상으로 만났다고 하더라도 그것은 그저 업무상에서 끝나는 경우가 대부분이다. 인맥이 형성되기 위한 결정적인 조건은 일을 통해서 자주 연결이 되거나, 그 외의 다른 활동을 통해서라도 일단은 자주 만날 수 있는 기회가 있어야 한다는 점이다.

　이러한 험난한 일들은 그저 혼자서 해내는 것도 쉽지 않다. 그러나 여기서 브리지 피플이 중간에 끼게 되면 이 문제 역시 쉽게 해결되기 시작한다. 인접 업종을 뛰어넘는 타 업종의 사람들을 소개받을 수 있을 뿐만 아니라 기꺼이 자주 만날 수 있는 기회가 자연스럽게 형성되기 때문이다.

브리지 피플은 '인맥의 아우토반'이라고 할 수 있다. 그들이 가는 길을 함께 가면 가속도가 붙은 인맥의 지도가 순식간에 펄떡이는 대동맥처럼 뛰기 시작하고 곳곳으로 연결된 모세혈관처럼 세밀하면서도 질긴 인연을 맺어나갈 수 있는 것이다.

그렇다면 관건은 이들 브리지 피플의 '검증 단계'를 어떻게 통과할 수 있느냐이다. 그들은 자신이 가진 그 인맥의 지도를 당신의 손에 쥐여주기 전에 오랜 기간 고민을 하게 마련이다. 만약 자신의 판단이 틀렸다면 자신이 이제까지 간직해온 인맥 지도 전체가 손상을 입기 때문이다. 브리지 피플은 당신의 실수가 자신에게 미칠 영향을 아주 잘 알고 있다. 따라서 그들은 결정적인 확신이 서기 전까지는 절대로 자신의 인맥을 쉽사리 타인에게 연결시켜주지 않는다.

브리지 피플을
멘토로 활용하라

브리지 피플, 또는 그 이상의 인맥을 얻기 위해서는 다음 장의 'DON'T & JUST'의 법칙에서 상세하게 설명할 것이다. 하지만 그전에 우리는 브리지 피플에 대해 중요한 부분을 짚고 넘어가야 한다. 브리지 피플을 새로운 인맥을 소개시켜주는 단순한 '인맥 중개인' 정도로 생각해서는 안 된다는 점이다. 그들은 어떻게 대하느냐에 따라서 그들은 당신의 '멘토'의 역할을 자처할 수도 있고 그렇게 된다면 일석이조의 효과를 얻을 수 있다. 결국 우리는 '멘토형 브리지 피플'을 얻는 것을 최후의 목표로 삼아야 한다. 정신적이고, 현실적인 관계에서 물심

양면으로 도움을 줄 수 있는 그들이 곁에 있을 때 보다 빠른 발전이 가능하기 때문이다.

물론 내가 아는 저 사람이 과연 '멘토형 브리지 피플인가?' 하는 점이다. 만약 실제로 자신의 멘토가 될 수도 없고 더불어 상당한 수준의 인맥을 갖추지 못한 브리지 피플이라면 우리들의 노력은 허사가 될 수 있기 때문이다. 과연 어떤 사람들이 당신의 '멘토형 브리지 피플'일까.

실패의 의미를 진정으로 이해하고 있는 사람

누군가의 멘토가 될 수 있는 사람의 가장 두드러진 첫 번째 특징은 큰 실패를 경험해본 사람이라는 점이다. 승승장구, 자신의 일이 성공적으로만 이어져온 사람은 진정한 멘토로서의 자격이 없다고 단언할 수 있다. 이는 멘토링의 기본적인 성격 자체에서 기인한다. 멘토링은 멘티(멘토의 지도를 받는 사람)를 성공적으로 이끌어주는 것이 궁극적인 목표이겠지만, 그 과정에서 실패를 겪었다고 하더라도 그를 실패에서 훌륭하게 이끌어주어야 할 의무를 가지게 된다. 멘토 스스로가 큰 실패를 겪어보지 않았다면 멘토링 자체가 불가능하기 때문이다. 지금 현재 그의 심리적 상태가 어떤지, 어떤 말을 해주어야 그 실패의 상처를 딛고 일어설 수 있는지를 멘토 스스로 실패를 통해서 배워두었어야 한다.

실패를 해보았다는 것은 성공의 진정한 가치를 안다는 것을 의미한다. 세상 사람들은 모두 다 성공을 원하지만, 그들이 모두 그 성공의 의미와 가치를 제대로 알고 있는 것은 아니다. 그저 많은 돈을 벌고, 그래서 안락한 것만을 '성공'이라고 생각하는 사람은 설사 성공을 했다고 하더라도 그 성공을 계속 유지해가기 어렵다. 특히나 멘티에게 성공의 진정한 가치를 알려주기 위해서라도 멘토는 실패를 통해 많은 인생 경험을 한 사람이어야 한다.

거만하지 않고 자랑하지 않는 사람

주변을 돌아보면 자기 자랑을 은근히 하는 사람들이 있게 마련이다. 물론 잘한 것이 있으면 알리고 싶고, 그것을 통해서 자아 만족감이나 자존심을 충족시키려는 본능은 누구에게나 있다.

하지만 이러한 자랑을 통해서 자기만족을 하는 사람들에게는 하나의 결정적인 단점이 있다. 그것은 바로 그 스스로가 끊임없이 자신과 남을 비교하고 있다는 것이며, 때로 타인이 잘되는 것에 무척 배아파하는 성격이라는 점이다. 이런 사람은 기본적으로 멘토로서는 자격미달이다.

멘토는 때로 멘티가 자신보다 더 잘되는 경우가 있다고 하더라도 끝까지 그에 대한 배려와 지지를 멈추어서는 안 된다. 나아가 그것보다 더욱더 잘되도록 지원해주는 사람이어야 한다. 멘토가 멘티를 질투하는 것처럼 우스꽝스러운 상황이 또 있을까.

'추상론'이 아닌 '방법론'을 알고 있는 사람

자신의 인생을 잘 꾸려나가기 위해서 무엇보다 중요한 것은 '방법론'이라고 할 수 있다. 사실 성공에 대한 추상론은 너무나 흔하디흔한 것이어서 이제 더 이상 누구에게 듣지 않더라도 뻔하게 알 수 있는 것이 되었는지도 모른다. 수없이 쏟아져 나오는 책, 그리고 '정보의 바다'라고 일컬어지는 인터넷에는 수없이 많은 정보들이 흘러다니고 있다. 그러나 정작 중요한 것은 개개인의 상황에 맞는 '맞춤형' 방법론이다. 자신의 집안 환경과 능력, 특성, 성격적 장단점에 맞춘 정확한 방법론이 있어야만 성공으로 가는 구체적인 지침을 알 수 있기 때문이다. 멘토는 바로 누구나 말하는 이야기를 자신만 아는 것처럼 설파하는 사람이 아니라 멘티의 상황에 맞는 정확한 방법론을 알려주는 사람이다.

앞이 보이지 않는 사람은 오로지 자신을 이끌어주는 인도자의 말만 믿고 따라갈 뿐이다. 그런데 만약 그 인도자의 판단이 잘못되었다면 인도자는 물론 앞이 보이지 않는 사람까지 절벽 밑으로 추락하게 된다. 하지만 멘티가 도저히 무엇을 해야 할지 모르는 상황에서 오로지 멘토의 말만 믿고 그대로 실천한다고 하더라도 결코 절벽에 떨어지지 않아야 한다. 그런 점에서 멘토는 멘티의 생활과 처한 환경을 누구보다 면밀하게 검토하고 그에 따라서 조언을 해주어야 한다.

잘못은 따끔하게 지적해주는 사람

멘토는 멘티의 잘못에 대해서 거침없이, 그리고 명확하게 지적해준다. 멘토와 멘티의 관계는 '친한 친구 사이'가 아니다. 친한 친구 사이에서는 때로 잘못된 점을 그냥 넘어가기도 하고 서로의 허물을 덮어줄 때도 있다. 그러나 멘토는 절대 그렇게 하지 않는다. 사소한 실수가 나중에 큰 잘못이 될 수 있음을 누구보다 잘 알고 있기 때문에 멘티의 실수를 그냥 넘어가는 법이 없다.

진정한 멘토는 실수를 지적하는 데 있어서도 매우 세련되고 부드러운 방법을 선택한다. 조언은 그 내용도 중요하지만 전하는 방법도 매우 중요하다는 점을 누구보다도 잘 알고 있기 때문에 멘티의 실수를 감정적으로 대하거나 인격에 상처를 주는 방법을 결코 사용하지 않는다. 왜, 무엇 때문에, 그리고 어떻게 잘못했기 때문에 어떻게 바뀌어야 하는지를 차근차근 논리적으로 설명해주고 그에 대한 대안까지 함께 제시해주어야 한다. 자신의 성질을 못이기거나 때로 불같이 화를 내면서 실수에 대해 조언을 하는 사람은 진정한 멘토자격이 없다고 말할 수 있다.

귀 기울여 말을 듣지만 대신 해주지 않는 사람

멘토는 그 누구보다도 멘티의 말에 귀를 기울여주는 사람이기도 하다. 진정한 커뮤니케이션은 자신의 말을 상대에게 끊임없이 '주입'하는 것이 아닌 상대의 말을 끝까지, 그리고 진심으로 들어주고 이해해주는 것을 의미한다. 또 자신의 어려움을 상대에게 토로하다보면 자기도 모르게 자연스럽게 문제에 대한 해답을 찾는 경우도 있다. 흔히 질문 속에 대답이 있듯이 이러한 토로 속에서 대안이 찾아지기도 하기 때문이다.

또한 멘토는 이렇게 멘티의 말을 잘 들어주기는 하지만 결코 멘티가 해야 할 일을 대신 해주지는 않는다. 이는 멘티의 책임감과 의무감을 훼손하는 일이기 때문이다. 만약 이렇게 되면 멘티는 오히려 멘토에게 비뚤어진 의존을 하게 되고 이는 멘티의 삶을 망치는 결과를 초래하기도 한다. 멘토는 공과 사를 철저하게 구분하며 조언과 충고의 선을 절대로 넘지 않는 사람이어야 한다.

자신의 삶에 만족하고 봉사를 하는 사람

멘토의 마지막 특성은 바로 자기 자신의 삶에 무척 만족하고 있을 뿐 아니라 그 행복을 전파하기 위해서 봉사를 하고 있는 사람일 경우가 많다. 일상에서의 만족은 균형감과 안정감을 주며 또 이러한 상태에서는 사물이나 상황을 객관적으로 바라볼 수 있는 힘이 생긴다. 멘티에게 조언할 때도 마찬가지다. 만약 멘토가 자신의 욕구와 불만족 속에서 상황을 온전히 판단하기 힘든 상태라면, 이는 진정한 멘토로서의 역할은 불가능하다.

인맥 디자인을 위한 'DON'T & JUST' 법칙

인맥 디자인을 새롭게 하기 위해 제안하는 'DON'T & JUST' 의 법칙은 기존의 인맥관계에 대한 이론과 실천 방법론과는 사뭇 다른 점이 많다. 기존의 방법론들이 의도적이고 의식적 이고 또한 목표 지향적이었다면 이 새로운 방법론은 의도적 이지 않고 의식적이지도 않으며 또한 명확한 목표를 세우지도 않는다(DON'T). 이름 그대로 '그저(JUST)' 하는 것이다. 이것 은 억지스럽지 않고 자연스러우며 상대에게 당신을 각인시키 는 데 있어서 매우 조화로운 방법이 되어줄 것이다.

생각하지 마라, 그저 그들과 즐겨라

첫 번째 법칙은 바로 '생각하지 말고 그냥 그들과 함께 즐겁게 놀고 즐기라'는 것이다. 우리는 흔히 자신의 일을 제대로 추진하지 못하고 또 인생의 계획에 대해서도 명확하게 실천하지 못하는 사람을 보고 '생각 없이 사는 사람'이라고 칭하기도 하고 '개념이 없다'고 말하기도 한다. 따라서 일반적인 의미에서 '생각 없이 놀고 즐겨라'는 말은 부정적인 의미로 받아들여질 수 있을 것이다. 그러나 여기에 발상의 전환이 필요하다.

남자들은 소위 '불알친구'라는 이야기를 많이 한다. 어릴 때부터 아무런 목적도 없이, 벌거숭이로 사귄 사이다. 그야말로 특별한 생각도 없었다. 한 동네에 살고 있으니 사귀지 않으려야 사귀지 않을 수 없었고 굳이 싸우지 않는 한 친하게 지내는 것이 오히려 더 자연스러웠던 것이다.

남성들의 세계에서는 나이가 들고 나서도 이 '불알친구'라는 인맥의 힘은 강력하다. 비록 서로의 약점까지 알고 있다는 단점도 있지만 한번 뭉치기 시작하면 그 어떤 인맥관계보다 강한 힘을 발휘하게 된다.

이들이 이처럼 강한 인맥관계를 형성시킬 수 있었던 것은 말 그대로 아무 생각 없이 놀았던 어린 시절이 있었고 그에 대한 추억이 있었기 때문이다.

인맥을 맺어나가는 방법 중의 하나는 특별한 목표의식 없이 함께 노는 것이다. 상대와 자신의 취미가 맞으면 더할나위 없이 좋을 것이다. 술을 좋아하면 함께 술을 마시고, 노래를 좋아하면 노래를 부르면서, 해양 스포츠를 좋아한다면 그저 해양스포츠를 함께 하는 것이 바로 인맥을 다져나가는 가장 소중한 첫 발걸음이다.

상대에 대해서 계산적으로 바라보지 않는다는 점이며 이는 곧 서로가 서로를 순수하게 대한다는 이야기다. 즐거움과 놀이는 낯선 타인에 대한 경계심을 풀어주고 가까워질 수 있게 해준다. 서로에 대한 믿음과 신뢰라는 것은 결코 한 순간에 생겨날 수 없다.

당신이 누군가와 인맥을 맺고 싶다면, 그가 즐기는 것을 즐겨보라. 그러한 시간이 충분히 흐르고 나면 둘 사이의 관계는 생각보다 훨씬 강하게 연결되어 있을 것이며, 서로가 어려움에 빠져 있을 때는 누가 뭐랄 것도 없이 서로 도움을 주기 위해서 나서게 된다.

'생각하지 말고 즐기라'는 인맥 디자인의 제1원칙은 인맥을 맺어나가는 가장 기초적인 방법을 설명해주고 있다. 처음부터 부담스러운 관계는 끝까지 부담스러울 수밖에 없다. 낯선 상대를 만나는 것 자체도 부담스러운 일임에 틀림없는데, 거기다가 뭔가 끊임없이 상대에 대해 생각하고 계산된 행동을 하고 지나친 배려를 하게 되면 불편함을 느끼게 마련이다.

관리하지 마라, 그저 정보와 지식을 주어라

앞서 인맥 관리의 가장 나쁜 것 중의 하나가 바로 인맥을 '관리'하려는 것이라고 했다. 정기적인 전화와 의도적인 만남은 상대에게 목표지향적이라는 인식을 심어주기 때문이다. 그렇다면 그들을 관리하지 않는다면 어떻게 깊은 인맥을 맺어나갈 수 있을까?

한 컨설턴트의 예를 살펴보자. A씨는 오랜 기간 유명 컨설팅 회사에서 근무를 했고 40대 초반, 독립을 하기 위해 별도의 회사를 설립했다. 하지만 그가 아무리 예전에 유명한 회사에 있었다고는 하지만 그것만으로 컨설팅 업무가 저절로 굴

러들어오는 것은 아니었다. 이제 어엿한 회사의 사장이 되었다면 그는 스스로 영업을 해야 하고 자신이 할 일거리를 만들어가야 한다.

그러나 A씨는 전혀 영업을 하지 않는다. 누군가에게 가서 자신의 화려한 프로필을 보여주면서 일을 하겠다고 나서지도 않고 또 흔히들 하는 블로그나 웹사이트도 운영하지 않는다. 한마디로 전혀 노력을 하지 않는 것이다. 그런데 재미있는 것은 회사를 설립하고 2~3개월이 지나면서부터 일거리가 끊이지 않는다는 사실이다. 그의 실력이 뛰어나서? 물론 실력이 뛰어나다는 것은 기본이지만 컨설팅 회사가 한두 개도 아닐뿐더러 A씨보다 더 뛰어난 컨설턴트도 있기 때문에 그의 실력 때문이라고만 할 수는 없다. 그렇다면 왜일까? 그는 어떻게 해서 전혀 영업을 하지도 않으면서 일거리가 끊이지 않을 수 있을까?

그는 아주 독특한 방식으로 영업을 하고 있었다. 그는 예전에 알고 있는 지인이 있거나 또는 소개를 받아 새로운 사람을 만나게 되면 우선 그 사람의 비즈니스가 어떤 것인지부터 자세하게 파악을 한다. 그리고 상대가 어떤 면에서 어려움을 겪고 있으며 그 원인이 무엇인지를 면밀하게 파악한다. 이를 위해서는 뛰어난 분석력과 판단력이 있어야 함은 물론이다. 그 다음 A씨는 상대에게 현재 어려움의 원인이 무엇이고 어떻게 해야 위기를 탈출할 수 있으며 더 나아가 어떻게 하면 비즈니스가 더 발전될 수 있는지를 조언해준다. 물론 아무 사심 없이 하는 행위이고 또한 이러한 대화는 전혀 부담없는 식사자리나 술자리에서 이루어진다. 한마디로 A씨는 상대방에게 전혀 부담을 주지 않으면서도 자신이 하고 싶은 말을 전부 다 한 것이다. 물론 A씨의 이러한 이야기들에 대해 상대방은 집중해서 들을 수밖에 없다. 다른 사람도 아니고 자기 자신의 어려움을 해결해주기 위해 조언해주는 사람들의 말을 듣지 않을 도리는 없기 때문이다. 또한 상대는 A의 그러한 이야기와 마음 씀씀이에 크게 감동하는 것은 당연한 것이다.

그 다음에 다시 만날 기회가 있으면 A는 역시 같은 태도를 취한다. 지난 번보다 상대의 사업이 조금 더 나아졌는지, 자신이 말해준 내용을 꾸준히 실천하고 있는지를 확인하고 또다시 발전적인 조언을 해준다. 물론 A는 꽤 뛰어난 순발력을 가지고 있으며 상대가 하는 말의 이면까지 헤아려 충고를 해주곤 한다. 그렇게 하면 상대방은 드디어 '결정적인' 말을 꺼내게 되어 있다.

"이봐 A씨, 자네가 그렇게 잘 알고 있고 또 직업도 컨설턴트이니 자네가 직접 나를 좀 도와주게. 비용은 얼만가?"

A씨는 전혀 영업을 하지 않는 듯하면서도 가장 중요한 영업을 한 것이고 아주 자연스럽게 일거리를 수주하게 된 것이다. 이러한 방식을 이른바 '컨설팅식 영업'이라고 한다. 상대가 무엇이 필요한지를 지속적으로 조언(컨설팅)해주다 보면 그것이 바로 영업이 되는 것이다.

이러한 방식의 영업은 매우 고급스러운 영업에 속한다. 흔히 일의 수주를 놓고 주변의 경쟁자들과 경쟁을 할 때에는 가장 먼저 가격을 낮춤으로써 경쟁력을 확보하려는 경향이 있다. 하지만 이런 방식은 소위 '제살 깎아먹기'나 다름이 없고 업계의 '수준'을 스스로 흐리는 꼴이다. 당장 일을 수주할지는 모르겠지만 장기적으로는 더 이상 가격을 올릴 방법을 찾지 못하고 제풀에 꺾이는 경우도 허다하다. 그러나 이러한 방식의 '컨설팅식 영업'은 다르다. 오히려 지식과 정보라는 압도적인 우위에서 일을 수주하게 되고 이를 통해 상대방의 신뢰까지 한꺼번에 끌어들일 수 있기 때문이다.

인맥을 맺어나가는 것도 비슷하다. 자신과 함께 있는 사람이 무엇이 필요한지, 무엇 때문에 어려움을 겪고 있는지를 조언하고 충고하고 정신적인 힘이 되어주면 상대는 먼저 당신을 찾게 마련이다.

인맥 '관리'를 생각하지 않고 지식과 정보를 주는 이러한 '컨설팅식 인맥 맺기'를 하게 되면 또 하나의 좋은 점이 있다. 그것은 앞에서도 살펴본 바와 같이 바로 '우위에 선 관계'가 될 수 있다는 것이다. 상대가 필요한 것을 내가 가지고 있다면 자신이 우위에 설 수 있게 되고 그렇게 되면 관계는 쉽게 풀린다. 물론 이렇게 우위에 선다는 것이 거만하거나 오만한 관계를 맺으라는 이야기는 절대 아니다. 오히려 자신이 주도가 되어 보다 깊은 인맥을 위한 기회를 마련할 수도 있고 더불어 좀 더 겸손해짐으로 인해서 든든한 신뢰를 받을 수도 있다. 어쩌면 당신의 '관리'에 의해서 상대방이 좌지우지될 수 있다고 생각하는 것 자체가 오히려 더 오만한 것일지도 모른다.

아부하지 마라, 그저 친구가 되어주어라

자신보다 나이가 많은 사람들과 인맥을 맺는 과정에서 많은 사람들이 실수를 하는 부분이 바로 그들에게 '아부' 비슷한 것을 하는 것이다. 물론 상대의 기분을 맞춰주고 그에 적절한 대응을 해주는 것이 나쁘지는 않지만, 마치 아부가 인맥을 위한 아주 중요한 툴(Tool)이라고 생각하는 사람들도 있다. 하지만 브리지 피플과 같이 명민하고 예민한 사람들은 상대의 태도가 아부인지 아닌지를 금방 알아차리게 마련이다. 또한 그들은 아부를 일삼는 사람과는 그리 가까이 하지 않으려고 한다.

서로 나이 차이가 많더라도 얼마든지 '친구'가 될 수 있다. 이때의 '친구'란 개념은 말을 놓고 허물없이 지내는 사이가 아닌 서로가 의지할 수 있는 관계임을 말한다. 사실 나이가 어린 사람들이 나이를 더 따지는 경향이 강하다. 30대 중반에서 40대로 넘어가고 50대에 이르게 되어 이제 어느 정도 이 사회를 알게 된 원숙한 사람들은 나이보다 더 중요한 것이 있다는 사실을 알기 때문에 나이가 어리다고 함부로 무시하거나 깔아뭉개려고 하지 않는다. 자신보다 나이가 어린 사람에게도 철저하게 존댓말을 쓰는 경우도 있고 어떤 부분에서 자신보다 탁월하다 싶으면 깍듯한 예의를 갖추는 경우도 많다.

한국 사회에는 유난히 나이에 대한 편견이 많다. 나이가 많은 사람은 무조건 공경을 받아야 하고 또 뭐든지 잘해야 한다는 인식이 있다. 물론 나이가 들수록 공경도 받고 실력도 늘어야 함은 물론이다. 그러나 나이가 들어도 못하는 것이 있고 또한 아랫사람에게 의지할 부분도 있다. 이러한 현실 자체를 이해하지 않으려는 사람은 사실 인맥을 맺을 자격이 없다.

따라서 나이를 막론하고 브리지 피플과 친구가 될 수 있다면 진정한 인맥은 바로 그때부터 시작된다고 해도 과언이 아니다. 중국인들은 비즈니스를 하기 전에 친목부터 도모한다. 그들은 큰 맥주잔에 독한 고량주를 가득 담아서 '건배'를 외치면서 이렇게 말한다.

"사업을 하기 전에 친구부터 됩시다!"

사업은 복잡하면서도 고도의 테크닉이 필요한 예술과도 같은 것이다. 그 어려운 사업을 같이 하려면 우선 마음부터 맞아야 하고, 서로가 친구가 될 수 있는지부터 검증을 해보아야 한다는 이야기다. 이는 앞서 살펴본 DON'T & JUST의 1법칙과도 일맥상통한다. 친구가 된다는 것 역시 노력해서 되는 일은 아니다. 그저 놀고 즐기는 과정에서 친구가 되는 것이다. 중국인에 대한 이야기를 하나 더 하고 넘어가자. 중국에서 사업을 한 지 7년이 넘어가는 한 사업가의 이야기다.

"중국인들은 신뢰가 쌓이지 않으면 절대로 사업을 같이 하지 않습니다. 제가 아는 한 중국인은 무려 5년간이나 저를 탐색하더라구요. 물론 겉으로는 친한 척하면서 술도 먹고 하지만 단 한 번도 나를 보고 '형'이라고 부르지도 않고 사업 제의도 하지 않았죠. 그러다 어느 날 '앞으로 제가 형님으로 부르겠습니다'라고 말하더니 드디어 같이 사업을 하자고 하더라고요. 그들의 처세술에도 놀랐지만 신뢰가 없으면 절대로 일을 하지 않는 그들만의 비즈니스 마인드도 대단했습니다."

어설프게 맺어져 이어나가는 '인맥관리'보다도 이렇게 철저한 신뢰를 바탕으로 한 관계는 그 수명도 오래갈 뿐만 아니라 매우 안정적이라고 할 수 있다. 아부를 함으로써 얻을 수 있는 것은 지금 당장의 '당의정' 같은 달콤함뿐이다. 그보다 진실한 의미에서의 친구가 되었을 때, 그래서 정말로 '뿌리 깊은 나무'와 같은 우정이 생겼을 때 흔들리지 않는 인맥관계가 형성된 것이다.

자랑하지 말고, 결과가 말하게 하라

과정이 중요한가, 결과가 중요한가에 대

해서는 사람들마다 이견이 있다. 결과도 중요하지만 최선을 다한 과정이 더욱 중요하다는 사람도 있고, 반대로 과정보다는 결과가 모든 것을 말해준다고 하는 사람도 있다.

그러나 인맥의 방법론에 있어서만큼은 과정보다 결과가 더 중요하다. 굳이 비즈니스 자리가 아니라도 사람과 사람사이에 만남이 있고 대화를 하다 보면 약속이 생기게 된다. 물론 사소한 것일 수도 있고 그렇지 않은 것일 수도 있다. 간단하게는 '맛있는 음식점을 아는가?'에서부터 '특정 분야에 아는 사람이 있는가?'라는 것도 모두 약속에 속한다.

중요한 것은 아주 사소한 것이라고 할지라도 반드시 그 '결과'를 보여주어야 한다는 것이다. 상대방과 있는 자리에서 아무리 말로만 떠든다고 하더라도 결과가 없으면 아무런 의미가 없다는 사실을 직시해야 한다. 이렇게 결과를 중요시하는 것은 바로 상대방에게 철저한 믿음을 주고자 하는 이유다. 즉, '저 사람은 말을 하면 반드시 실천을 하는군', 또는 '어떻게 해서든 결과를 만들어내는 저 사람과는 뭐든지 함께 할 수 있어'라는 긍정적인 이미지를 이끌어내려는 것이다. '나를 믿어 달라', '나는 뭐든지 할 수 있다'는 말은 상대에게 아무런 영향을 미치지 못한다. 또한 그런 말들을 남발하게 되면 오히려 부정적인 영향만을 줄 뿐이다. 차라리 결과가 없다면 아무런 말을 하지 않는 것이 더 나은 방법이다.

필자가 아는 한 40대 남성은 늘 자신이 무엇을 할 것이며, 또한 그것을 언제까지 어떻게 이루겠다는 말을 많이 한다. 대부분 사업적인 면에서, 또 한편으로는 개인적인 생활의 영역에서도 다짐과 계획을 통해서 미래를 계획하고 그것을 이야기하는 것이다.

그러나 중요한 것은 그가 말한 대부분의 것들이 지켜지지 않는 것이다. 물론 자기 나름대로의 핑계가 전혀 없는 건 아니다. 듣고 보면 그 핑계에서 이해가 되는 부분도 있고, 어쩔 수 없이 그의 사정을 이해해줄 때도 있다. 하지만 결과적으로 그가 이뤄놓은 것이 아무것도 없다는 점은 그에 대한 믿음을 철회하게 만드는 것이 사실이다.

그 다음부터는 그 사람이 아무리 좋은 계획을 하고 타인들에게 도와달라고 말해도 남들은 '그저 그런' 눈으로 보게 마련이다. 말 그대로 현대판 양치기 소년이다. 이런 사람은 단지 동화에만 있는 것이 아니다. 우리가 살아가는 일상에서 늘 만날 수 있고 그들은 끊임없이 타인들에게 신뢰를 잃어가고 있다.

인맥의 또다른 이면에는 철저한 계산 관계가 깔려 있다. 서로 얻을 것이 없는 사람끼리는 만나지도 않고 도움을 주지도 받지도 않는다. 든든하고 협력적인 파트너와의 관계에서도 그 이면에는 모두 일종의 '계산'이 깔려 있다. 상대가 나를 놓고 두드리는 '계산기'에 후한 점수를 매기게 하기 위해서는 어떠한 경우에도 결과로 승부하고, 그 결과로 성과를 낼 수 있다는 점을 확신시키지 않으면 안 되는 것이다.

받지 말고 그저 주어라

인간관계에 대해 말할 때 사람들은 '기브 앤드 테이크'의 관계라고 말하곤 한다. 당연한 말이고 이는 인맥에 관해서는 영원불변의 법칙이라고 해도 과언이 아니다. 앞에서도 언급했듯이 인맥은 철저한 계산의 과정이기 때문이다.

그러나 '기브 앤드 테이크'보다 더욱더 강력한 인맥 맺기 방법론이 있다면, 그건 바로 '주는 것(Just Give)'이다. 받을 생각을 아예 하지 말고 무조건 주라는 이야기다. 이 '주는 것'에는 다양한 것이 포함되어 있다. 때론 작은 경제적인 도움이 될 수도 있을 것이고 심리적 안정, 훌륭한 조언, 그리고 사소한 인맥 소개나 일 처리에서의 혜택도 될 수 있다.

한 방송인은 '마당발'로 소문이 나 있지만 그보다 더 '남을 도와주는 사람'으로 잘 알려져 있다. 물론 그가 자선 단체에 큰돈을 기부하거나 실제 어려운 환경에 있는 사람을 위해 몸으로 일을 하는 것은 아니다. 그저 자신이 알고 있는 주변의 사람들이 어려움에 처하거나 도움이 필요하면 두말없이 도와준다. 그러나 중요한 것은 그가 자신의 도움에 대해서 상대에게 생색을 내거나 또는 그 일을 거론하면서 자신을 자랑하는 일 따위는 절대로 하지 않는다는 사실이다.

예를 들어보자면 이런 식이다. 그의 매니저인 B씨는 급하게 1,500만 원이 필요했다. B씨는 이런 사정을 지나가는 말로 A씨에게 했지만 돈을 빌려달라거나 하는 내색은 전혀 하지 않았다. B씨는 A에게 돈을 빌릴 생각조차 하지 않았다. B씨는 자신의 힘으로 돈을 구하기는 했지만 500만 원이 부족했다. 할 수 없이 A씨에게 만나서 부탁할 요량으로 전화를 걸었다. 힘없는 그의 목소리에서 벌써 눈치를 챈 A씨는 B씨가 먼저 말하지도 않았는데 만나는 장소에 미리 500만 원을 준비해서 나갔다. 그리곤 두말없이 돈을 빌려주었고 자신은 바쁘다면서 다른 곳으로 갔다. B씨가 미안해하고 고마워할 것이기 때문에 오히려 빨리 자리를 피해버린 것이다.

B씨는 이후 A씨의 일이라면 발벗고 나서게 됐다고 한다. 물론 돈을 예로 들긴 했지만 꼭 돈만이 중요한 것이 아니다. A씨와 B씨는 매우 가까운 사이였기에 돈을 빌려주고 받을 수 있었지만 그렇지 않은 관계에서 돈은 오히려 인맥을 해치는 것이 되기도 한다.

어쨌든 중요한 것은 이렇게 상대의 상황을 간파하고 알아서 도와주는 것, 그리고 그에 대한 어떠한 내색도 공치사도 하지 않은 행위들은 'Just Give'의 전형이라고 할 수 있다. 이를 통해 B씨는 A씨의 아주 강력한 인맥으로 작용하게 되는 것이다.

'Just Give'의 궁극적인 목표는 무엇일까. 그것은 일종의 부채감이라고 하는 것이다. 심리학적으로도 상대방에게 일종의 부채가 있을 때에는 빨리 그에 해당하는 것을 갚으려는 생각을 하고 늘 그러한 기회를 찾게 된다. 하지만 그 부채감이 쉽게 갚아지지 않을 때는 정서적으로 매우 친밀한 관계가 되는 것이다. 무엇이라도 하나 더 도와주려고 하고 어떤 식으로든 도울 방법을 찾으려고 하기 때문이다. 결론적으로 '주는 것'은 '기브 앤드 테이크'보다 한 단계 더 앞서 있는 인맥 맺기의 기술이다.

실수를 질타하지 말고 인내하라

인맥관계에 있어 무엇보다 중요한 것은 '인내'다. 상대에게서 보다 빨리 무엇인가를 얻어내려고 하는 것만큼 어리석은 일도 없다. 오래 끓인 곰탕이 진한 맛을 내듯이 오래된 인맥관계에서 진정한 인맥의 힘이 발휘되기 때문이다. 그리고 이는 단지 인간관계 자체를 오래 유지하라는 의미만은 아니다.

자신과 일단 관계를 맺은 사람이라면 비록 그가 한때 잘못된 길로 들어서거나 실수를 한다고 하더라도 끝까지 지켜보고 용기와 힘을 잃지 않게 도와주어야 한다. 인간은 누구나 실수를 할 수 있기에 자신이 알던 사람이 실수를 했다고 해서 너무 쉽게 돌아서면, 바로 당신도 그런 상황에 처할 수 있게 된다. 나의 경험은 '사람을 인내한다'는 것이 어떤 의미인지를 잘 보여준다.

오랜 선배이자 스승이기도 한 A, 그리고 나와 A가 동시에 알고 있는 B라는 사람이 있었다. 선배는 예술가인 B를 물심양면으로 도와주었다. 하지만 나는 B가 영 마음에 들지 않았다. 사람들이 알고 있는 그의 겉모습과 그가 보여주는 진짜 모습은 때로 가식적이라고 할 정도로 이중적이었기 때문이다. 물론 선배도 그 사실을 모르는 바는 아니었다. 하지만 선배는 B를 멀리하라는 주변의 충고를 받아들이지 않았다. 그리고 나중에는 B 때문에 선배까지도 욕을 먹는 경우가 생기고 말았다. 보다 못한 나는 결국 선배에게 충고를 하기로 결심했다. 그것도 매우 진지하고 심각하게 말이다. 그러나 그의 대답을 듣고 나는 부끄러움을 느끼지 않을 수 없었다.

"나를 진정으로 걱정하기 때문에 그런 말을 해주는 건지는 알아. 하지만 나는 이미 한 사람을 알아버렸어. 그가 비록 어떠한 행동으로 세상 사람들의 욕을 먹더라도 이미 알아버린 B를 버릴 수가 없어. 우리가 참고 기다려야 하는 것 아니겠니? 나는 기다릴 거야. 그가 다시 제대로 돌아올 때까지 말이야."

B의 모든 허물과 잘못을 다 알고 있으면서도 내색하지 않고 끝까지 그를 지지하고 배려하는 선배의 모습을 보며 나는

진정한 포용력과 인내에 대해서 다시 한번 생각할 수밖에 없었다.

그렇게 세월이 지난 후 B는 과거의 자신을 잊고 원래의 모습으로 돌아오는 듯했다. 열심히 일을 하며 주위 사람들에게 다시 신뢰를 얻어가기 시작한 것이다. 나는 선배에게 느꼈던 미안함과 민망함을 조금이라도 만회해보려고 했다.

"B가 잘되고 있다네요. 다 선배가 잘 키워주신 덕분이에요."

하지만 선배는 오히려 두 눈을 동그랗게 뜨고 내게 되물었다.

"지금 뭐라고 했니? 내가 키웠다고? 왜 그런 말을 해? B가 무슨 강아지니. 나는 그를 도와준 적이 없어. 그는 원래부터 강한 자질과 뛰어난 능력을 가지고 있었어. 한때 삐끗해서 그런 것일 뿐이야. 나는 그 사람을 키우지도 않았고 그를 위해 한 일도 별로 없어."

사람이 사람을 인내한다는 것은 이렇듯 쉬운 일은 아니지만 또 한편으로는 위대한 일이기도 하다. 자신이 맺은 모든 인맥의 사람들이 전부 다 완벽하지 않다는 것은 너무도 당연한 말이다. 비록 일시적으로 상대에 대해서 실망을 한다고 하더라도 참고 인내하는 지혜도 함께 갖추어야 할 것이다.

힘없는 사람을 무시하지 말고 그저 도와주어라

사람들은 당장 자신에게 도움이 될 것 같지 않은 사람들은 무시하기 쉽다. 이는 '투자의 법칙'과 매우 유사하다. 투자는 반드시 이득이 전제될 때에만 행해지는 것이다. 이득 없는 것에는 그 무엇에도 투자하지 않으려는 것이 사람들의 일반적인 행동양식이다. 이것이 사람에게도 적용될 때 '타인에 대한 무시'가 시작된다.

하지만 힘없는 사람들에 대한 무시는 종국에 자기 자신에게 더 큰 손해로 이어질 수 있다. 그러니까 우리는 일반적인 투자의 법칙을 넘어서는 '더 큰 비전의 투자'를 할 필요가 있다는 이야기다. 비록 당장에 도움이 되지 않을지는 몰라도 먼 미래를 내다보고 사람에 대해 투자를 해야 한다는 의미다.

최근에 소위 '대박'을 만들어낸 한 영화제작자의 이야기다. 그는 이미 5년 전부터 그 영화를 준비하고 있었다. 시나리오도 거의 완성이 되었고 당시 본인은 대중성과 상업성에 대한 확신을 가지고 있었다. 하지만 주변에서 그를 믿어주는 사람은 많지 않았다. 주연 배우를 섭외하는 데에도 난항을 거듭했다. 여주인공을 하겠다고 나서는 배우가 없었던 것이다.

그렇게 세월은 1년, 2년이 지나 4년이 다 지나갈 때까지 그 영화제작자는 자신의 일에 결코 열정의 끈을 놓지 않았다. 하지만 그 세월 동안 주변의 사람들은 하나둘씩 떠나가기 시작했다. 어떤 사람은 그 영화제작자를 보고 '되지도 않는 시나리오로 꿈만 꾸는 사람'이라고 하기도 했고 어떤 사람은 '이제 더 이상 영화판에서 일을 하지 못하는 것 아니냐'는 우려를 하기도 했다.

하지만 그는 결국 영화를 완성해냈고 한국 영화사상 손에 꼽을 정도의 대흥행기록을 세우고야 말았다. 영화제작자는 절치부심의 시간이 흐른 뒤에 다시 명예를 얻을 수 있었고 충무로의 새로운 별로 우뚝 솟았다. 그랬더니 이제 다시 점차 주변에 사람들이 모이기 시작했다. 그러나 제작자는 지난 시절을 떠올렸다. 힘없던 자신을 괄시하고 무시했던 사람들을 보면서 사람 사귀기에 더욱 신중해졌고 그와 인맥을 맺기는 더욱 어려워졌다. 그는 깨달았다. 지난 5년이란 세월 동안 자신의 옆에 있어준 사람들이 얼마나 고마운 사람들인가 하는 점을 말이다.

비록 자기 주변에 있는 사람이 '꺼진 불'처럼 보일지 모르지만 그를 다시 한번 바라보는 지혜도 필요하다. 그 꺼진 불이 언제 다시 활활 타오르는 모닥불이 될지는 아무도 모르기 때문이다.

가족이야말로 최고의 인맥이다

사람들은 외부의 인맥을 끊임없이 확장해가는 과정에서 정작 제일 가깝고 중요한 인맥을 돌보지 못하는 경우가 있다. 바로 가족이 그러한 대상이다. 가족은 굳이 맺으려고 하지 않아도 맺어진, 그래서 '하늘에서 맺어준 인맥'이라고 표현할 수도 있을 정도의 굳고 단단한 관계다. '혈육(血肉)'이라는 표현 자체가 그렇다. '피와 살'이라는 의미의 혈육은 어떤 관계나 심리적인 상황으로 설명할 수 없는 가장 강한 요소 중 하나다.

가족도 '인맥'의 영역 안에 넣어 생각해보자. 비록 가족은 자기 자신의 직접적인 비즈니스에 도움이 되지 않을지 모르지만, 자신이 힘들고 지칠 때 쉼터가 되어주는 사람들이기 때문이다. 자신의 모든 허물을 덮어주고 어떠한 잘못에 대해서도 자신의 편이 되어주는 인맥은 그리 많지 않다. 하지만 가족은 애초부터 그러한 관계였고 또한 언제라도 그럴 수 있는 사이다.

자신을 재충전시켜줄 수 있고 또 허물을 덮고 용기를 줄 수 있다는 사실 자체만으로 가족은 자신의 훌륭한 인맥이 될 수 있는 것이다.

팀원, 후배 등 나이 어린 사람과 대화할 때 주의해야 할 점은?

연장자라는 이유로 가르치려들면 안 된다. 상대가 나보다 어리기 때문에 내 말을 앞세우기 쉬운데, 먼저 상대의 말을 듣고 배우려는 자세를 가져야 한다. 한국 사회에는 장유유서의 문화가 깔려 있기 때문에 연장자는 자신이 상대보다 우월하며, 자기 말을 우선 경청해야 한다는 태도를 보이기 쉽다. 따라서 나이 어린 사람은 연장자의 의견에 틀린 점이 있어도 지적하기 어려워하거나, 더 나은 의견을 제시하는 데 소극적일 수밖에 없다.

이렇듯 나이를 기준으로 권력에 차등이 생기면 나이 어린 사람으로부터 새로운 것을 배울 수 있는 기회도 줄어든다. 사실 누구에게나 배울 점은 있고, 나이 어린 사람이 새로운 정보와 아이디어에 있어서는 오히려 나보다 나을 가능성이 높다. 나이가 무색할 만큼 좋은 아이디어를 내는 사람, 누구보다 발빠르게 최신 정보를 습득하는 사람은 나이 어린 사람과의 대화에도 적극적이다. 지금처럼 모든 것이 빠르게 변화하는 시대에 동세대와의 대화, 동세대의 문화에만 집중하면 뒤처질 수밖에 없다.

따라서 나이 어린 사람의 이야기에도 늘 호기심을 갖고 귀를 열어두는 자세가 필요하다. 공감 능력과 상대를 이해하려 하는 마음가짐은 이런 자세 속에서 자연스럽게 강화된다. 물론 그들과 똑같이 어려지거나 철이 없어질 필요는 없다. 당신의 연륜과 능력에 호기심만 추가하라는 뜻이다.

5

당신을 변화시킬
커뮤니케이션 기술

대화를 하는 데 있어서 중요한 것은 상대를 긍정적으로 생각해야 한다는 것이다. 상대를 부정적으로 생각하는 상태에서 내가 하는 말이 긍정적일 수가 없다. 하나하나 꼬투리를 잡게 되고 그렇게 되면 오히려 마음이 상하는 것은 자기 자신이다. 부정적인 생각에서 부정적인 말이 나가고 이렇게 되면 상대의 부정적인 반응밖에 기대할 것이 없다. 악순환이 연속되는 것이고 이렇게 되면 관계 자체도 오래 지속되지 못한다.

성공한 사람들의
커뮤니케이션
매너와 센스 15

사람과의 관계를 끊임없이 연결시키고 지속시켜나가는 것은 바로 '대화'라고 할 수 있다. 대화라는 유용한 의사소통의 방식이 없다면, 아마도 인류는 지금처럼 문명을 누리지 못했을 것이다. 그만큼 의사소통의 힘은 강력하다.

인맥관계에 있어서의 의사소통은 단순히 정보와 지식을 주고받는 것에 머무르지 않는다. 대화에서 우러나오는 매너와 센스는 상대에 대한 이미지를 결정짓는 중요한 요소이기 때문이다.

중국 당나라 때에는 관리를 등용하는 시험에서 인물 평가의 기준을 '신언서판(身言書判)'으로 규정했다. 몸가짐과 말씨, 글씨와 판단력이 좋아야만 관리의 자격을 부여받을 수 있었다. 여기에서 '말씨'는 대화의 매너, 어투, 방법 등을 총체적으로 규정짓는 것이라고 할 수 있다. 그 사람이 어떤 단어를 구사하고 어떤 방식으로 말하는가, 그리고 어떻게 반론을 펴고 자신과 다른 의견을 어떻게 잘 조화시켜 하나의 결론으로 이끌어내느냐가 곧 상대의 인격과 지식의 정도, 그리고 사람 됨됨이를 보여주고 있다고 생각했던 것이다.

이런 점은 오늘날에도 커뮤니케이션에서 매우 중요한 역할을 하고 있다. 이제부터 대화를 하는 데 있어서 반드시 피해야 할, 또는 반드시 염두에 두어야 할 15가지 커뮤니케이션 매너와 센스를 살펴보자.

'열등감'을 조장할 수 있는 말은 피해야 한다

대화를 하다 보면 다양한 주제에 대한 이야기가 나오게 마련이다. 애초에 하고 싶었던 말을 하다가도 어디로 튈지 모르는 게 대화이기도 하다. 물론 자연스러운 대화의 자리에서 주제를 제한하는 것도 있을 수 없는 일이기는 하지만 특별히 피해야 할 말들이 있는 것은 사실이다. 예컨대 '열등감'을 자극할 수 있는 말은 반드시 피해야 한다. 우리 사회는 열등감에 대한 민감성이 굉장히 높다. 자신의 열등감을 솔직히 드러내는 것조차 쉽지 않고, 또 그렇게 열등감을 솔직하게 드러내면 '못난 사람'으로 낙인찍히기 일쑤다.

열등감을 자극할 수 있는 말 중의 하나는 바로 학력에 관한 것이다. 함께 모여 있는 사람들의 학력을 모두 알고 있지 못한 이상 학력에 대한 대화들은 일부 사람을 자극할 수 있다. 학력에 대한 열등감은 극히 원초적이라고 할 수 있다. '지식'을 우선시하는 사회에서 '못배운 사람'이라는 평가는 극단적인 분노까지 초래할 수 있는 민감한 사항이다.

재산에 관한 이야기도 마찬가지다. 양극화와 빈부격차에 대한 담론이 사회적인 이슈까지 되고 있는 상황에서 자신의 재산에 대한 지나친 자랑은 함께 있는 사람에게 거부감을 주게 마련이다.

학력과 재산에 대한 대화를 통해 열등감을 조장하게 되면 듣는 사람의 기분이 상해 대화가 원활하게 진행되지 못할뿐더러 심하면 전체적인 분위기마저 망치는 경우도 있을 수 있다.

그러나 더 심각한 문제는 열등감을 가진 사람이 더 이상 그 모임에 나오지 않거나 나아가 열등감을 조장한 사람에 대해 반감을 가지게 된다는 점이다. 그렇게 되면 그는 다른 자리에 가서 그 사람의 인격을 비난하거나 깎아내릴 수 있는 소지가 얼마든지 있기 때문에 주의할 필요가 있다. 겉으로는 자유롭고 상당부분 개방되어 있다고 생각되지만 실제로 한국 사회는 아직도 보수적인 면이 있다. 특히 학력이나 재산 등 민감한 부분에 대해서는 주의를 기울일 필요가 있다.

지나친 겸손은 오만이다

우리는 늘 어려서부터 '겸손하라'고 배워 왔다. 겸손의 미덕은 우리 모두가 다 잘 알고 있고 또한 그것이 사회적으로 얼마나 큰 플러스 요인이 되는지도 모르는 바 아니다. 그러나 겸손함에도 주의할 점이 있다. 지나친 겸손은 오히려 오만으로 보일 수도 있다는 점이다.

자신의 관점이 없이 무조건 상대방의 관점에서만 이야기를 한다거나 상대의 제안에 대한 무조건적인 수락, 또는 지나친 겸양의 어투는 상대로 하여금 겸손하기보다는 자신의 말에 오히려 관심이 없거나 나아가 '오버'하는 겸손처럼 비춰지면서 오만하게 보이는 것이다.

칭찬을 들으면 있는 그대로 받아들일 수 있어야 하는데, 자신을 지나치게 깎아내리는 것은 상대의 칭찬을 거부하는 것처럼 보이게 되고 이 역시 오만으로 비춰지게 된다. 특히 요즘은 각자의 개성을 솔직하게 드러내는 것이 결코 나쁜 것으로 여겨지지 않는다.

적당한 겸손은 자신의 이미지를 좋게 만들어주지만 지나친 겸손은 자신을 몰개성적인, 또는 무채색과 같은 사람으로 폄하시킬 수도 있다. '극과 극은 통한다'는 말이 있듯이 몰개성적이고 무채색과 같은 이미지는 현실과 동떨어지고 타인을 무시하는 듯한 이미지를 줄 수 있기 때문이다.

결국 겸손은 어느 한쪽으로 치우지지 않고 상황에 따라서 적당한 것이 중요하다. 자신의 장점은 폄하시키지 않는 선에서 자랑하지 않고, 상대를 무조건적으로 수락하지 않으면서도 적절하게 자신의 의견을 조화시키는 겸손이야말로 진정 이 시대에 필요한 중용의 미덕이라고 할 수 있겠다.

대화에는 '리듬'이 필요하다

　　　　　스포츠 경기에 비유하자면 대화는 일종의 탁구 경기와 같다. 서로 주거니 받거니 하면서 하나의 전체적인 게임을 완성하는 것과 마찬가지다. 그러나 한쪽이 너무 세게 나가거나 반대로 한쪽이 너무 약하게 되면 게임은 일방적으로 흘러가게 되고 경기를 시청하는 재미는 없어지고 만다. 그러면 대화는 오래 가지 못하고 결실은 없는 공허한 이야기들만 떠들어댄 격이 되고 만다.

　대화에서 무엇보다도 중요한 한 가지는 바로 '리듬'이라고 할 수 있다. 이는 어투의 리듬이라기보다는 대화를 이끌어가는 전반적인 분위기에 있어서의 리듬이라고 하는 편이 훨씬 좋을 것이다. 무겁고 진지한 주제를 이야기하다가 순간 위트있는 결론을 끌어내거나 즐겁고 신나는 이야기를 하면서도 나름대로의 의미 있는 말을 주고받는 것이 바로 '리듬'이다.

　대화는 끊임없는 말의 성찬이기도 하다. 우리가 식사를 할 때에도 마찬가지다. 계속해서 고기 반찬만 먹을 수 없고, 또 한없이 야채만 먹는 것도 심심한 일이다. 고기와 야채, 그리고 국과 찌개가 서로 어울려야 맛있는 밥상이 되듯이 전체적인 대화를 구성하는 방식에서도 다양한 주제와 양념을 더하면서 '맛있는 대화'를 이끌어내는 것이 관건이다.

대화에 리듬을 주기 위해서는 일단 화제 자체가 풍부할 필요가 있다. 이야기와 이야기의 연관성과 차이점을 적절하게 오가며 연관성이 있는 부분을 끌어내고 또 때로는 전혀 관련이 없는 듯이 보이는 부분도 참여시켜 일종의 '버무림'을 만들수 있기 때문이다. 풍부한 화제는 무엇보다 책을 통해서 얻는 경우가 많다. 사실 신문이나 인터넷을 통한 정보는 거의 다 비슷비슷하기 때문에 어느 정도 한계에 부딪히게 되면 더 이상 진전이 없을 수 있다. 한마디로 더 이상 서로가 '할 말이 없는' 상태가 된다는 이야기다.

하지만 책에서 얻을 수 있는 깊고 충실한 지식은 우리들의 대화를 더욱 심층적으로 만들어준다. 일부 방송인들은 자신들의 지적 화제를 늘리기 위해 끊임없이 노력하고 사유하고 있다. 평상시의 그러한 노력들이 결국에는 화려한 '입담'으로 시청자들에게 선보여지는 것이다. 보다 중요한 사실은 '책을 읽는다'는 행위 그 자체가 아니라 '책을 읽고 그것을 어떻게 대화에 적용시킬까' 하는 고민이다. 고민이 없다면 책을 통한 정보는 그저 '잡다한 지식'으로 남을 뿐이다.

'추임새'는 대화의 윤활유다

　　　　앞서 대화는 '리듬'이라고 했다. 그와 동시에 대화는 서로의 생각을 주고받는 즐거운 행위이기도 하다. 서로 정보를 공유하고 그 정보에 대해서 함께 생각하고 판단을 내리면서 자신을 확인하고 또 타인과의 정서를 일치시켜 나가는 것이다. 이 즐거운 대화의 과정을 더욱 신나게 만드는 것이 '추임새'다.

　대화에서의 추임새는 상대의 말을 받아들이면서 동시에 더욱 띄워주는 역할을 한다. 판소리에서도 추임새가 있으면 노래를 하는 사람들이 더욱 신나게 되는 것과 마찬가지다. 고개를 끄덕이거나 수긍을 하는 눈빛, '맞아' 또는 '그렇지', '내 생각하고 똑같네'라는 말들은 상대의 기분을 띄워주고 더욱 신나게 말을 하게 하는 윤활유의 역할을 하게 된다.

　이러한 추임새가 중요한 또 다른 이유는 '내가 당신의 말에 몰입을 하고 있다'는 사실을 계속해서 증명해주는 것이라고 할 수 있다. 어떤 사람이든지 자신이 하고 있는 말에 관심을 기울여주지 않으면 말하는 재미가 없어지고 그때부터 대화는 시들해지게 마련이다. 추임새는 이러한 관심의 표명이고 상대의 말을 계속해서 이끌어내는 하나의 적극적인 유도행위가 될 수 있는 것이다.

하지만 주의할 것은 추임새는 그저 추임새일 뿐이다. 지나치게 추임새를 많이 넣다 보면 오히려 내가 말하려는 바를 잊게 되고 때로는 옆길로 새기도 한다. 따라서 추임새는 상대의 말을 흐트러뜨리지 않는 선에서 가장 적절하게 하는 것이 제일 중요하다고 할 수 있겠다.

그렇다면 어떤 순간에 추임새가 필요할까? 이는 몇 가지로 나눠볼 수 있는데 첫째, 상대방이 말을 하면서도 스스로 의문시되는 부분이 있을 때다. 자신의 생각이나 판단을 확신하지 못하고 있을 때 상대방의 동의는 대화에 탄력을 불어넣는다.

뿐만 아니라 정반대로 상대방이 확신하고 있는 말에도 추임새가 필요하다. 자신의 생각이 정확하다고 상대가 수긍을 하면 대화의 진전이 보다 빠르게 이어진다. 상대의 감정에 함께 몰입해주는 것도 추임새의 일종이 될 수 있다. 상대가 황당한 일을 당했을 때, 기가 차거나 너무 슬퍼 말을 제대로 하지 못할 때에도 그 감정들에 함께 반응을 하면서 같은 감정에 빠지게 되면 충분히 추임새와 같은 효과를 주게 된다.

형식적인 인사와 겉치레 안부는 성의가 없어보인다

인사말 하나에도 제대로 신경을 쓰는 세심한 매너가 필요하다. 상대의 상황에 맞춰, 그리고 정말이지 상대를 생각하고 걱정하면서 건네는 인사말이야말로 진심을 전달할 수 있다. 그렇지 않고 오히려 형식적인 말로만 일관할 때는 '무관심한 사람' 또는 '늘 겉치레에 익숙한 사람'이라는 이미지를 줄 수 있다.

최근 상대가 겪은 경사에 대한 축하, 또는 상대의 좋지 않은 일들에 대한 걱정 등 상대의 상황에 맞춘 인사말을 하는 것이 좋다. 이렇게 하기 위해서는 대화를 시작하기 전에 상대에 대해서 충분히 생각하는 시간을 가져야 함은 물론일 것이다.

필자가 아는 한 기획자는 사람들을 만나기 전에 늘 무슨 말을 할지 생각한다. 그것도 상대와 자신의 관계에 맞는 말을 미리 정리해서 간다고 한다. 도움이 필요한 후배에게는 힘과 용기를 줄 수 있는 말과 함께 어떻게 그 친구를 도와줄 수 있는지를 미리 구상하고 일상 생활이 지겨운 선배 직장인들에게는 생활에 활력을 불어넣어줄 수 있는 재미있는 이야깃거리를 마련해간다. 그래서 그 기획자는 늘, 어느 자리에서나 환영을 받

274

고 주변 사람들 모두가 믿고 따르며, 그와 함께하는 시간을 기다리고 즐거워하게 되는 것이다. 준비, 그것은 인맥을 보다 확실하게 다지는 매우 중요한 덕목이라고 할 수 있다.

사과는 크게 하라

유교의 영향을 받은 한국 사람들은 '칭찬과 사과'에 익숙하지 못하다. 칭찬에 대한 지나친 겸손도 어쩌면 보수적인 유교적 문화에서 어느 정도 영향을 받았을 것이다.

비록 그것이 형식적이라고 하더라도 외국 사람들의 경우 때로는 과하다 싶을 정도의 칭찬을 하기도 하고 그 칭찬으로 인해 서로 더욱 친밀한 관계를 만들어가고 상대에게 용기를 북돋워주기도 한다. 사과에 있어서도 마찬가지다. 자신이 잘못한 일에 대해서는 아주 명확하고 솔직하게 사과를 하고 넘어가는 경우가 많지만, 우리는 사과에 대해 조금은 부정적인 선입견을 가지고 있다. 사과를 한다는 것이 마치 자기 자신을 부정하는 행위가 되는 것처럼 심각하게 생각해서 제때에 사과를 하지 못하고 그래서 결국에는 더 큰 문제를 발생시키기도 한다.

그러나 사람과 사람과의 관계를 돌이켜보면 사과만큼이나 솔직하고 진실한 것이 많지 않다. 또한 자신의 잘못을 어물쩍 넘어가려는 것보다 비굴한 것도 없다. 자신의 잘못은 인정하고 당당하게 타인에게 고개를 숙일 수 있을 때, 그것이 진정 용기 있는 행동이고 타인에게 더 큰 신뢰를 받을 수 있는 계기가 될 수 있다.

따라서 사과를 할 때에 큰 소리로, 더 솔직하게 하는 것이 좋다. 사과에도 방법이 있다. 최악의 사과는 '내가 잘못했지만, 너도 잘못한 점이 있다'고 말하는 것이다. 객관적인 상황이야 어떻게 됐든간에 이러한 양비론은 사과의 의미를 퇴색하게 만든다. 설사 상대가 잘못한 것이 있다고 하더라도 사과를 할 때만큼은 완전히 자신을 내려놓고 사과를 하는 것이 좋다. 이렇게 하면 상대에게 굳이 말하지 않더라도 상대 역시 자신의 잘못을 솔직하게 시인하는 경우가 많다.

칭찬도 마찬가지다. 타인이 잘되는 것을 배아파하고 뒤에서 헐뜯는 것보다는 앞에서 칭찬하고 그 성과를 마음으로나마 함께 나눌 수 있는 것이 인맥관계에서의 성숙한 매너일 것이다.

거절하는 방법, 부탁하는 기술

우리나라 사람들에게 또 하나 부족한 센스가 있다면 그것은 '거절'에 관한 것이다. 사실 거절이라는 것이 사람과의 관계에 있어서 매우 껄끄럽고 불편한 사항임에는 틀림없다.

이 거절이라는 것은 때론 명확히 하지 않으면 더 큰 문제를 발생시킨다. 어떤 사람은 '좀 더 생각해봅시다'라고 말하면서 자신의 거절 의사를 밝혔다고 생각할 것이다. 하지만 정작 그 말을 들은 상대는 '정말로 좀 더 생각해볼 모양이다'라고 생각하고 초조하게 기다리기만 하다가 결과적으로 불쾌한 기억을 갖게 될지도 모른다. 애초에 제안을 받은 쪽에서 확실하게 말해주었다면 상대는 일찌감치 포기하고 다른 가능성을 알아볼 수도 있었지만, 이러한 가능성마저 원초적으로 차단되는 것은 기분 좋은 일은 아닐 것이다.

거절에는 여러 가지 방법이 있을 수 있겠지만 가장 좋은 것은 '내 능력 밖의 일이다'라고 솔직하게 말하는 것과 '당신의 제안 자체는 좋지만 나, 또는 우리 회사와는 잘 맞지 않으니 다른 곳을 찾아보는 것이 더 나을 것이다'라고 말하는 것이다.

이렇게 하면 상대의 자존감도 지켜줄 수 있고 상대에게 명확한 거절 의사를 보여줄 수 있다.

거절과 반대로 부탁을 할 때에도 지켜야 할 것이 있다. 부탁을 할 때는 구체적이고 확실하게 해야 한다. 때로 우리들에게 '부탁'이란 좀 꺼림직한 이미지로 남아 있는 경우도 있다. 실제로는 별로 관련이 없음에도 불구하고 '청탁'이나 '로비'와 같은 의미가 연상되기 때문이다. 따라서 부탁을 할 때에는 상대에게 부담이 가지 않는 선에서 구체적으로 무엇을 어떻게 도와달라고 한정을 지어주는 것이 좋다. 그래야 상대가 자신이 할 수 있는 일인지 아닌지를 정확하게 판단할 수 있기 때문이다.

거절과 부탁은 자존심을 상하지 않게 하는 범위 내에서 최대한 구체적이고 확실하게 하는 것이 좋다. 그래야 '뒷말'이 나오지 않기 때문이다. 좋지 않은 '뒷말'은 두고두고 사람들의 입에 오르내려 당신에 대한 부정적인 이미지를 형성시킬 가능성이 있다.

예의 있게 반론을 펼치는 기술

대화를 해나가는 과정에서는 서로 의견차이가 있다고 하더라도 가능하면 최대한 불필요한 논쟁을 삼가는 것이 좋다. 아무리 얘기해봐야 결론이 나지 않는 이야기들을 머리 아프게 논쟁만 하는 경우를 흔히 볼 수가 있다. 서로 기운만 빠지고 나쁜 감정만 남기는 일을 굳이 할 필요는 없을 것이다.

하지만 회의나 공적인 이야기를 할 때에는 반론을 펴거나 반대의사를 명확하게 할 필요가 있는데, 이때 주의할 점은 '상대를 부정하는 듯한 인상'을 주어서는 안 된다는 것이다. 예를 들어 A라는 사람이 어떤 주장을 했을 때 그것에 대한 반대 의견을 낸다며 'A의 말은 받아들일 수 없다'라거나 'A의 말은 올바른 것이 아니다'라고 말해서는 안 된다. 정작 중요한 것은 A가 아니라 'A의 의견'이기 때문에 A라는 사람의 인격을 그의 의견과 한꺼번에 부정해서는 안 된다. 따라서 구체적으로 'A'라는 이름을 거명하는 것도 될 수 있으면 피해야 할 일이라고 할 수 있다.

상대의 의견에 반론을 펼 때 또 하나의 안전장치는 상대

의 말을 '일부' 긍정하는 것이다. '그 말도 일리가 있지만' 또
는 '한편으로는 긍정적인 부분이 있지만', '맞는 말이기도 한
데'라는 말을 앞세우고 보다 자연스럽게 의견을 개진하다 보
면 상대도 기분이 덜 나쁘고 자신의 의견도 더욱 신뢰성을 얻
을 수 있다.

중요한 것은 반대의견을 낼 때 상대의 자존심을 상하게 해
서는 안 된다는 것이다. 일단 상대가 기분이 나쁘게 되면 당신
이 주장하는 내용에 대해서도 기분 나쁘게 무시하며 감정적인
반론을 펼 수 있기 때문이다. 이렇게 되면 더 이상 생산적인
결론은 나오기 힘들고 오직 성과 없는 '격론'만이 남고 만다.

나이가 적다고 반말하지 마라

우리는 '나이'라는 것에 대해서 지나치게
권위적인 생각을 가지고 있는 편이어서 나이가 많으면 거기에
걸맞은 대접을 받고 싶어 한다. 물론 세상을 더 많이 살았기에
당연히 그런 대접을 받아야 하고 호칭이라는 것 역시 사람과
관계에 맞게 써야 하는 것은 틀림없는 사실이다.

그러나 처음 만나는 관계, 또는 아직 친해지지도 않은 상태에서 형님과 동생의 관계를 은연중에 과시하며 나이가 어린 사람에게 반말을 쓰는 경우도 있다.

비즈니스 관계에서는 특히 이런 것을 주의할 필요가 있다. 설혹 자신보다 두세 살이 어리다 하더라도 결코 능력 면에서 뒤처지지 않는 경우도 많고 나이 많은 사람을 뛰어넘는 경우도 있다. 이런 상황에서 무작정 나이로만 '밀어붙이려는' 성향은 아랫사람의 반감을 살 수 있는 것은 물론이고 때로 그 사람을 회피하는 경우도 생긴다.

아랫사람이 먼저 나서서 '말씀을 낮추세요'라고 할 때까지는 지속적으로 존댓말을 써주어야 한다. 나중에 말을 놓게 되더라도 이름을 부를 때만큼은 '씨(氏)'라는 호칭을 붙여주는 것이 기본적인 매너다. 10~20대의 젊은 사람들도 아니고 30~40대의 어엿한 중견 사회인들을 마치 친구 부르듯 부르는 모습은 좋지 않다. 한 기업인의 경우 사석에서는 허물없이 지내는 둘도 없는 친구라고 할지라도 잘 모르는 사람이 있거나 공식적인 자리에서는 반드시 '씨'자를 붙여주면서 매너를 갖춘다. 함께 있는 사람들이 보기에도 아름다운 모습이다.

전문 용어나 외래어 사용은 자제한다

　　　　사회가 점차 세분화되고 전문성이 중요해지고 있는 가운데, 각 분야별로 전문 용어를 사용하는 경우가 많다. 물론 같은 업계의 사람들끼리는 전문 용어를 사용하는 것이 이해가 쉽지만 다른 업종이나 직종의 사람들이 있을 때 전문 용어는 가급적 피하는 것이 좋다. 낯선 전문 용어는 상대를 대화에서 배제하는 듯한 느낌을 준다. 또한 대화에 몰입을 방해하기 때문에 전반적인 분위기 자체를 해치게 된다. 때로는 위화감마저 주기 때문에 서로 융화가 쉽지 않을 수도 있다.

　　외래어의 지나친 남발도 주의해야 한다. 우리나라 말로 도저히 표현이 안 되거나 또는 외래어로 했을 때에만 그 의미가 제대로 살아나는 경우에는 어쩔 수 없이 사용해야 하겠지만, 그렇지 않은 경우에 사용하는 외래어는 오히려 부정적인 이미지를 주게 된다. 특히 심한 경우에는 조사와 술어를 제외하고는 거의 다 외래어를 사용하는 극단적인 경우도 있다. 스스로는 상당히 지적으로 보일거라 생각하겠지만 남들이 볼 때는 우스워 보이는 경우가 많다.

　　자신의 언어습관을 분석해보는 것도 필요하다. 가능하다

면 평소 친한 사람에게 자신의 언어습관에 대한 의견을 들어
보는 것도 좋다.

대화는 온몸으로 하는 커뮤니케이션이다

　　　　　대화는 말로만 하는 것이 아니다. 말은 그
저 구체적이고 자세한 정보를 전달하는 하나의 수단일 뿐, 진
정한 커뮤니케이션은 온몸으로 한다고 해도 과언이 아니다.
이 '온몸'의 범위에는 눈빛과 얼굴 표정, 그리고 각종 제스처
까지 포함한다. 진지한 눈빛과 열정적인 표정, 그리고 자신의
말을 형상화시켜주는 다양한 제스처는 상대의 집중과 몰입을
극대화시키고 자신이 전달하고자 하는 바를 최대한 강력하게
전달하는 기능을 한다.

　교회에서의 설교 장면을 자세히 관찰하다보면 쉽게 알 수
있다. 특히 부흥회와 같은 긴장된 분위기 속에서 목사님은 단
지 가만히 서서 입으로만 설교를 하는 것이 아니다. 그는 신도
들을 강렬하게 쏘아보고 때로는 하늘을 쳐다보고 때론 슬픈
눈빛을 한다. 얼굴 표정 역시 '천변만화(千變萬化)'를 거듭한

다. 제스처는 한결 더하다. 연단을 내리치거나 커다란 원을 그리거나 때로는 두 손을 모아 기도를 하는 듯한 간절함을 보여준다. 그 설교를 듣는 이는 그의 다양한 의사소통 방식에 집중하지 않을 수 없게 되고 결국 감동을 받고 마는 것이다.

대화도 마찬가지다. 그것은 자신의 온몸으로 상대를 설득시키고 감동을 주기 위한 하나의 열정적인 설교가 되어야 한다. 그럴 때 듣는 사람은 표면적인 묘사와 설명을 넘어 상대의 진심에까지 접근할 수 있게 되고 이는 생각보다 큰 결과를 낳을 수 있도록 도와준다.

온몸으로 하는 커뮤니케이션이 약하다면 우선 관찰에서부터 시작하는 것이 좋다. 타인이 어떤 방식으로 의사소통을 하고 있는지, 면밀하게 분석해보면서 자신의 취향에 맞는 스타일을 가져오면 보다 쉽게 익힐 수 있을 것이다.

말하기보다 더 중요한 것은 '듣기'다

흔히 사람들은 대화에서 중요한 것이 '말하기'라고 생각한다. 그래서 말하기의 방법을 배우기 위해 노력하기도 한다. 그러나 본질적으로 대화에서 가장 중요한 것은 말하기보다 듣기다. 듣기는 상대방의 말에 진심으로 귀기울여줌으로써 상대가 나에게 더욱더 다가오게 하는 효과를 가져다준다.

이는 거꾸로 생각하면 금방 이해할 수가 있다. 내가 누군가에게 무슨 이야기를 하고 있는데 상대가 딴청을 피우거나 다른 생각을 하고 있는 듯한 분위기를 보인다면 더 이상 대화를 하기가 싫어진다. 그리고 그때부터는 마음의 문을 닫게 되고 상대의 말에도 제대로 귀를 기울이지 않는다. '듣기'를 제대로 하면 결과적으로 '말하기' 좋은 환경이 만들어지는 것이다.

또한 '듣기'는 상대의 말을 정확하게 파악하고 다양한 정보를 입수하는 과정이다. 사실 말이라는 것이 '아' 다르고 '어' 다른 것이기 때문에 같은 말을 하더라도 상대가 어떤 배경에서 말을 하는지, 그리고 어떤 의도에서 그런 말을 하는지에 따라 표면적으로 같은 말이라도 그 의미는 전혀 달라진다. 상대의 말을 충분히 듣지 않은 상태에서 자신의 의견을 섣불리 표명하는 것은 자칫 '어긋난 대화'로 끝을 맺게 되는 것이다.

'듣기'는 결코 타인을 위한 것이 아니라 자기 자신의 '말하기'를 위한 하나의 중요한 전제이며, 보다 강력한 설득력을 갖기 위한 기본 조건이 되는 셈이다.

솔직함은 큰 힘을 가지고 있다

대화는 솔직할수록 더욱 큰 힘을 가진다. 자신의 말을 무언가로 자꾸만 포장하려 들면 필요 없는 미사여구와 수식어를 계속 동원해야 하고 이는 또 다른 포장기술을 요구하게 된다. 결국 알맹이는 어디에 있는지 헷갈리게 되고 의미 없는 말과 내용 없는 대화만 남게 된다. 중요한 것은 상대방도 이런 것을 모두 알아챈다는 것이다. 때문에 오히려 좋지 않은 이미지를 주게 된다.

솔직담백한 말은 상대의 마음 깊은 곳을 감동시키는 경우가 많다. 그래서 때로 많은 사람들은 현란한 장문(長文)의 글보다는 짧은 격언에서 더 큰 지혜를 깨닫기도 하는 것이다.

솔직함이 주는 또 다른 효과는 감정이입을 가능케 한다는 점이다. 사실 따지고 보면 사람들은 모두 사는 곳과 직위, 경제적인 풍요도가 다르지만 마음의 심층에 있는 본능적인 감정과 심리는 거의 동일하다고 할 수 있다. 솔직담백한 대화는 바로 이러한 본능적인 감정과 심리를 자극하는 말이기 때문에 진심어린 동감을 이끌어내게 되고 더불어 자신과 비슷한 생각, 비슷한 감정을 가지고 있는 사람으로 생각하고 보다 친밀해지는 경우가 많다.

이러한 솔직함은 말하기 어려운 주제에 대해서 더 큰 힘을 발휘하는 경우가 많다. 친한 사이에도 가끔씩 일을 하게 되는 경우가 있는데 그때 돈에 대한 이야기를 터놓고 하기엔 쉽지 않다. 하지만 오히려 이럴 때 툭 터놓는 솔직함을 발휘한다면 상대도 마음을 열게 되고 대화 역시 한결 편하게 진행될 수 있다.

난처한 주제일수록 멀리 돌아가려고 하면 더 말이 꼬이고 상황은 복잡하게 전개되는 경우가 많다. 직설적이고 솔직한 이야기는 생각보다 큰 효과를 가져온다는 사실을 잊지 말아야 할 것이다.

지루한 대화를 하고 있지 않은지 돌아보라

대화에 있어서 가장 피해야 할 것은 대화

자체를 혼자서 지루하게 끌고 가는 방식이다. 말하기를 좋아하는 사람들에게 이러한 성향이 나타나곤 하는데, 이는 본질적으로 상대에 대한 배려의 문제이기도 하거니와 주변머리가 없는 자신을 노골적으로 드러내는 좋지 않은 습관이기도 하다.

그런데 말을 하다 보면 스스로 자신의 말에 자신이 취하는 경우도 있다. 일단 말을 하게 되면 그 말이 꼬리에 꼬리를 물게 되고 한 가지 이야기에서 파생되는 이야기들이 또다시 나오게 된다. 이 정도가 되면 대화가 아니라 아예 '말의 미로' 속에서 헤매는 수준이라고 볼 수 있다.

그런데 이러한 '말의 미로'는 정작 말을 하는 본인은 잘 깨닫지 못하는 경우가 많다. 한참 말을 하다 보면 지금 자신이 무슨 얘기를 하고 있는지 알아채기 힘들기 때문이다.

말이 많고 지루하다는 것은 상대에 대한 배려심의 부족이기도 하다. 자신이 하고 싶은 말만 실컷 하는 사람은 대화를 함께하고자 하는 의지를 전혀 보여주지 않아 이기적인 모습으로 비춰지게 되고 상대는 그런 모습을 달가워하지 않기 때문이다. 우리 사회가 상당히 '개인주의화' 되었음에도 불구하고 '이기적인 것'에는 냉정하게 돌아선다.

대화라는 것은 결국 '조화'의 문제이기도 하다. 대화의 길이에 있어서도 그렇고, 대화 내용에 있어서도 상대와 잘 조화가 되어야만 최상의 결론을 얻을 수 있는 것이기 때문이다.

상대를 긍정적으로 생각하라

대화를 하는 데 있어서 중요한 태도 중 하나는 상대를 긍정적으로 생각하는 것이다. 상대를 긍정하는 태도는 대화의 가치를 결정한다는 점에서 매우 중요하게 생각해야 할 부분이다. 상대의 태도, 말, 제안, 부탁과 거절을 모두 긍정적인 입장에서 생각하지 않으면 하나하나 꼬투리를 잡게 되고 그렇게 되면 오히려 기분 나쁘고 마음이 상하는 것은 자기 자신이기 때문이다.

상대를 부정적으로 생각하고 있는 상태에서 나 자신이 하는 말이 긍정적일 수가 없다. 부정적인 생각에서 부정적인 말이 나가고 이렇게 되면 또다시 상대의 부정적인 반응밖에 기대할 것이 없다. 말 그대로 악순환이 연속되는 것이고 이렇게 되면 관계 자체도 오래 지속되지 못한다.

악순환의 반대로 '선(善)순환'이 있다. '가는 말이 고와야 오는 말이 곱다'라는 간단명료한 진실이 바로 선순환의 대표적인 사례라고 할 수 있다. 내가 상대를 긍정하는 마음에서 긍정적인 말을 하면 당연히 상대도 긍정적인 반응을 보이게 된다. 그러면 말하는 나 역시 또다시 긍정적인 분위기에서 대화를 끌어가게 된다.

이제까지 언급한 그 모든 커뮤니케이션 방법 중에서도 가장 중요한 한 가지를 꼽으라면 단연 이 마지막, '상대를 긍정적으로 생각하라'는 것이다.

세상 모든 사람들은 자신을 긍정적으로 생각해주는 사람에게 일방적으로 부정적인 생각을 가지지 못한다. 그것에는 자신이 대우를 받은 만큼 대우를 해주려는 인간의 가장 기본적인 심리가 작용하기 때문이다.

성격 좋은 사람으로 보이려면 어떻게 해야 할까요?

첫째, '아니오'보다는 '예'라고 하라. 뭐든 부정으로 시작해서 부정으로 끝나는 사람과는 누구라도 친해지고 싶지 않을 것이다. 긍정형의 답변을 하는 사람, '행복하다'고 말하는 사람들처럼 성격 좋아 보이는 사람이 없다. '행복'은 성격 좋은 사람으로 보이기 위한 핵심 포인트이다. 가장 작은 것에서부터 행복, 기쁨, 즐거움을 찾는 연습을 해보자. 맛난 식사를 하고 나면 행복하지 않은가. 사고 싶던 구두를 사거나 쉬는 날 누워서 낮잠을 자거나, 보고 싶던 드라마를 시청하거나 주차할 때 빈자리가 딱 나타날 때도 마찬가지다. 고맙고 행복한 순간을 그냥 넘기지 말고 감사하다, 행복하다는 말을 스스로에게라도 해보는 것은 어떨까? 좋은 말은 내뱉고 슬픈 말은 삼키는 습관을 갖자.

둘째, 과함은 아니함만 못하니 너무 잘하려고 들지 말자. 인생은 길다. 보고 싶던 영화를 못 봐도, 식사 메뉴를 제대로 고르지 못했어도, 내 차 앞에 얄미운 차들이 끼어들어도 슬퍼하거나 화내지 말라. 또한 매번 내가 져주어야 하는 상대를 만났다면 그 상대는 더 이상 만나지 말라. 본문에서도 이야기하지 않았던가. 누군가에게 성격 좋은 사람으로 보이기 위해서는 늘 그렇게 져주는 것이 아니라 마음을 편히 가져 실제로도 좋은 성격의 사람이 될 필요가 있다. 요즘처럼 각

박한 세상에서 마음에 여유를 가질 수 있다면 좋은 성격이라 할 수 있고, 이는 겉으로도 자연스레 드러나게 마련이다. 셋째, 대화할 때 미소를 짓고 상대에게 시선을 집중시켜라. 내가 이야기할 때 딴청 피우는 사람만큼 부정적인 인상을 주는 사람도 없다. 상대의 이야기를 충분히 경청하고 있음을 어필하자.